中国测量员与非洲小伙的师徒情谊

◆ 科特迪瓦阿比让港口扩建项目向援建小学捐赠文体用品

◆ 科特迪瓦圣佩德罗港口现代化和扩建项目：先期疏浚

中国港湾科特迪瓦阿比让港口扩建工程项目

“一带一路”合规经营
系列丛书

工程建设企业境外合规经营指南
科特迪瓦

中国施工企业管理协会
中国港湾工程有限责任公司 编著

中国市场出版社
China Market Press
·北京·

图书在版编目（CIP）数据

工程建设企业境外合规经营指南. 科特迪瓦 / 中国施工企业管理协会，中国港湾工程有限责任公司编著. 北京：中国市场出版社有限公司，2024. 8. --（“一带一路”合规经营系列丛书）. -- ISBN 978-7-5092-2577-6

Ⅰ. F416. 9-62；F444. 669-62

中国国家版本馆 CIP 数据核字第 2024DJ7269 号

工程建设企业境外合规经营指南：科特迪瓦

GONGCHENG JIANSHE QIYE JINGWAI HEGUI JINGYING ZHINAN：KETEDIWA

编　　著：中国施工企业管理协会 中国港湾工程有限责任公司

责任编辑：王雪飞 许　寒

出版发行：中国市场出版社

社　　址：北京市西城区月坛北小街 2 号院 3 号楼（100837）

电　　话：（010）68034118/68021338

网　　址：http：//www. scpress. cn

印　　刷：河北鑫兆源印刷有限公司

规　　格：145mm×210mm　　32 开本

印　　张：10　　**字　　数**：260 千字

版　　次：2024 年 8 月第 1 版　　**印　　次**：2024 年 8 月第 1 次印刷

书　　号：ISBN 978-7-5092-2577-6

定　　价：68. 00 元

《工程建设企业境外合规经营指南：科特迪瓦》

编委会

彭世红　中建国际建设有限公司副总经理

岐温华　中国电建集团海外投资有限公司总法律顾问兼首席合规官

张　磊　中国土木工程集团有限公司中土研究院副院长

宋玉祥　上海市建纬（北京）律师事务所高级合伙人

张明明　中国石油天然气第一建设有限公司企管法规部经理

张玉金　江西中煤建设集团有限公司企业管理部部长、合规办公室主任

PREFACE
序言

“一带一路”倡议是顺应全球治理体系变革，彰显同舟共济、命运与共意识的国际公共产品。作为完善全球治理体系、推动构建人类命运共同体的中国方案，共建“一带一路”已经成为 171 个国家（地区）和国际组织开展国际合作的新模式，正在向高质量共建的阶段迈进。

共建“一带一路”在完成总体布局的基础上，聚焦重点、深耕细作，扎实推进项目实施，累计开展了 3000 多个项目，可圈可点的成果、实实在在的好处，让“一带一路”朋友圈不断扩大。中国企业参与“一带一路”建设的程度也越来越深入，面临的市场环境越来越复杂，合规经营在企业可持续发展中也显得越来越重要。

为更好地帮助企业提高合规经营管理水平，有效防范及化解经营风险，早在 2017 年 5 月，习近平总书记就中国企业合规经营问题，在中央全面深化改革领导小组会议上，明确指出加强企业海外经营行为合规制度建设的必要性。2018 年 7 月 1 日，国家标准《合规管理体系指南》（GB/T 35770—2017）正式实施；2018 年 11 月 2 日，国务院国资委《中央企业合规管理指引（试行）》发布实施；2018 年 12 月 26

日，国家发展改革委正式发布《企业境外经营合规管理指引》，为中国企业更好地开展境外经营业务、建立合规管理体系和制度，提供了官方的指导意见。

中国施工企业管理协会基于工程建设行业的实践经验和研究成果，联合 12 家会员单位，在国家发展改革委区域开放司的指导下，出版《工程建设企业境外合规经营指南》（以下简称《指南》），结合企业自身情况，以丰富翔实的案例，系统地从市场环境、通用规则、国别（地区）规则以及示范项目等角度展示了中国企业在境外稳扎稳打、开拓进取的合规发展历程，具有针对性、实务性和系统性的特点，是一套指导性非常强的工具书。

《指南》的出版有利于帮助广大施工企业适应国际工程承包自由化、便利化的市场环境，引导企业以实现行业高质量发展为目标，期望通过树立境外合规经营优秀典型，分享境外合规运营经验，帮助企业完善合规运营体系，形成合规文化，提升企业在国际市场中的竞争力。同时，在更广泛的范围倡议共建“一带一路”的企业，增强机遇意识和风险意识，夯实基础，固牢底线，趋利避害，在发展中不断前进，在合作中茁壮成长。

曹玉书

2021 年 12 月

PREFACE 前言

合规经营是各国、各行业的企业履行契约精神、提升治理能力、实现长富久安而共同面临的挑战。党的二十大报告提出“以中国式现代化全面推进中华民族伟大复兴”，具体到企业改革与发展层面，就是完善中国特色现代企业制度，加快建设世界一流企业；“现代”体现在企业治理上，主要是依法经营合规管理，也是国家治理能力现代化的重要组成部分。合规是企业“走出去”行稳致远的前提，合规经营日渐成为中国企业海外业务稳健发展的关键因素，是中国企业走向国际市场，高标准对接国际经贸规则，营造现代化、市场化、国际化、法治化的营商环境，打造世界一流企业的必由之路。

为更好服务企业开展境外经营，推动企业持续提升合规管理水平，2018 年国家发展改革委、外交部、商务部等多个部委联合发布了《企业境外经营合规管理指引》，规范境外企业经营与管理行为，引导“走出去”的企业进行合规管理建设。党中央、国务院多次指出，要深入推进企业依法经营、合规管理；在新形势下，深入推进企业法治建设和合规管理，是当前贯彻落实全面依法治国战略的重要内容。2023 年 10 月，国家主席习近平在第三届“一带一路”国际合作高峰论坛开幕式上庄严宣布，中方将建设廉洁之路，发布《“一带一路”廉洁建设成效与展望》，推出《“一带一路”廉洁建设高级原则》，建立“一带一路”企业廉洁合规评价体系。这些指导性文件对于中国企业加强合规意识、建立合规管理体系及制度、提高合规管理水平具有非常重要的意义；同时，也让企业看到了责任，那就是需要在践行“一带一路”倡议的工作中，主动建设与中国企业国际化发展相匹配的合规体系，创建引领性的合规制度，筑实企业全面的竞争能力。

科特迪瓦位于非洲西部，资源丰富，地理位置优越，是非洲西海岸的交通要道和整个西非的贸易中心、金融中心、航运中心，作为西非法语区国家最成熟、增速最快的经济体，被誉为“西非明珠”，在非洲具有较强的影响力。中国与科特迪瓦于1983年建交，40多年来，两国关系始终保持健康稳定发展。2018年，中科签署共建“一带一路”合作谅解备忘录及产能合作协议，为双方拓展“一带一路”框架内合作指明方向；近十年来，在“一带一路”框架的推动下，中科经贸关系发展顺利，在贸易、农业、基础设施建设等多个领域开展了广泛务实的合作，极大地改善了当地基础设施状况，有效带动了当地就业和经济社会发展。“透明国际”（Transparency International）历年发布“清廉指数”，中国企业在“清廉指数”较低的国家开展经营面临着较大的合规压力，随着中科两国间合作的不断深入，规范指导中国企业在科特迪瓦合规经营显得尤为重要。

中国港湾自进入科特迪瓦国别市场以来，经过多年经营和深耕，在科特迪瓦已陆续落地阿比让港口扩建项目、北部公路项目、PK24工业园一期项目、阿比让第二集装箱码头堆场项目、阿比让AKWABA转盘项目等标志性框架和现汇类项目。阿比让港口扩建项目是中科两国政府间合作规模最大的基础设施建设工程，作为“一带一路”倡议在西非的标志性工程，项目的建成有效提升了阿比让港的最大通航能力，大幅提高货物进出港效率，使集装箱年吞吐量从60万标箱增长至120万标箱，进一步巩固和加强了阿比让港在非洲大西洋沿岸枢纽港的地位，对科特迪瓦及西非内陆腹地的经济社会发展有着重要作用。PK24工业园一期项目为工业建设注入了新活力，为科特迪瓦经济建设和青年就业贡献力量，项目的建成将吸引更多企业投资入驻，有效促进科特迪瓦经济转型和产业集群的形成。阿比让AKWABA转盘项目是科特迪瓦国家发展计划（2021—2025）的重要内容，位于阿比让市区至大巴萨姆高速公路、机场路、疏港路三条主干路的交会处，项目建成后将极大促进阿比让大区的经济社会发展，同时在提升机场区域道路安全、改善交通状况、节省通勤时间、连接阿比让市中心协同发展等方面都将产生深远的有利影响。一系列工程的成功实施为科特迪瓦经济建设注入了新动能，多年的经营生产管理实践也为更多中国企业走进科特迪瓦市场积累了合规经营的经验。

近年来，在“2030愿景”“2021—2025发展规划”推动下，科特迪瓦基础设施领域需求加速释放。根据“一带一路”基础设施发展指数，2023年科特迪瓦基础设施发展指数得分为114，在“一带一路”共建国家中排名第31位，较2022年上升22位；鉴于科特迪瓦强劲的增长潜力，中资企业需把握关键发展期，密切关注相关基础设施规划落地及进展情况，准确把握市场动态，抓住政策红利，实现业务稳步增长；但同时应时刻关注政策的稳定性，充分了解当地的法律法规和行业惯例，重点关注在本地化经营、市场准入、劳动就业、外汇管制、产业限制、税收、环境保护、知识产权等方面的规定，积极应对可能发生的法律变更、政策调整等多重风险。中国港湾积极借鉴国际先进合规管理经验，结合企业在科特迪瓦开展生产经营的特点，建立了切实有效的合规管理体系和制度，希望公司在科特迪瓦多年来积累的合规管理经验能帮助到来科发展的企业，以避免违规行为，积极应对和化解各种潜在风险，助力企业在共建“一带一路”中实现高质量发展。

CONTENTS
目录

Chapter 1

第一章

境外工程建设合规管理的重要性

“合规”一词源自英文 compliance，是指企业行为符合法律法规及其内部规章制度和商业道德的要求。企业合规管理本质上是对企业内部的自我管理提出了要求，不仅要求其合法合规，还要求其遵守企业自己制定的规章和社会承认的商业道德。近年来，随着中国“走出去”战略、“一带一路”倡议的推动，越来越多的企业走出国门，开始广泛参与跨国经营，而与此同时，越来越多的中国企业遭受海外合规处罚，引发了国内企业对于合规问题的关注和思考。

一、合规的起源

（一）企业合规思想的起源

合规思想最早可追溯到成立于1906年的美国食品和药物管理局（FDA）当时对食品和药物安全的监管，这促使部分企业开始将合规视为企业运营的一部分。20世纪50年代，英国为发展外向型经济，向外扩张本土企业。尽管当时的英国法律以及各个行业的规章制度相对比较完善，但对外投资要做到“入乡随俗”，英国本土的法规、企业规章和文化理念等已不适用于投资所在国。在此背景之下，从国家、行业和人员三个层面考虑，英国率先推出合规。

（二）企业合规体系的诞生

20世纪60年代，因电气设备行业龙头企业的垄断行为，美国开始反垄断大潮，政府在该领域重拳出击，合规管理随着美国《反托拉斯法》（反垄断法）的实施而得到了普及，在当时促使很多企业开始建立反垄断合规体系。

（三）企业专项合规体系的建设

20世纪70年代，为应对这一时期出现的系列财务丑闻，美国证券交易委员会在1977年颁布了《反海外腐败法》，要求上市公司在贿赂、回扣、记账和其他方面执行合规政策。《反海外腐败法》在合规的世界发展史上具有标志性意义。一方面是因为该法在反腐败领域具有广泛的域外管辖效力，至今仍然是悬在各跨国企业头上的“达摩克利斯之剑”；另一方面是因为该法要求企业对资金往来进行准确的会计记录，从而直接介入了企业财务内控体系的建设。

1986 年，美国发布了《环境审计政策声明》，将企业环保作为合规工作要点，鼓励公司对设备使用是否符合环保要求进行系统、定期和客观的检查，以确保公司合规体系的有效性，发现潜在的环保违规问题。同一年，美国军火企业联合起草了《国防工业的商业伦理与企业活动精神》，将自觉履行合规管理制度作为企业自律的要求。1988 年，美国又通过了《内幕交易与证券欺诈取缔法》，进一步防止证券内幕交易。这一系列专项法案的制定推动了企业在问题领域专项合规体系的建设。

二、合规体系的成形与完善

（一）企业合规体系的成形

20 世纪 90 年代以前的合规管理多集中在某些具体领域，从 20 世纪 90 年代开始，企业全面合规体系建设逐渐成形。标志性的事件是 1991 年美国量刑委员会发布《针对机构实体联邦量刑指南》（简称《量刑指南》）。

《量刑指南》主张将机构实体是否具备完善的合规体系作为减轻刑事责任的重要考量。该指南的出台标志着现代合规理念与合规标准的成形。企业按照《量刑指南》的合规标准审查现有合规体系或建立新合规体系。

1992 年，关于通过控制危险废物跨越国境的转移和处置来防止危险废物对环境和人体健康造成危害的全球性国际公约——《巴塞尔公约》开始生效，目前已经有 187 个国家签署。

1995 年，联合国首次提出“全球契约”的构想，号召企业以承诺遵守国际行为准则的方式，使经济活动兼顾社会公益，承担相关社会责任。2004 年，“全球契约”扩充形成人权、劳工标准、环境、反贪污四个方面的十项基本原则。

1997 年，经济合作与发展组织（OECD，简称经合组织）成员国达成《反对国际商业活动中向海外政府官员行贿行为公约》。

（二）企业合规体系的规范

2001—2002 年，安然有限公司和世界通信公司等企业发生财务造假丑闻，暴露出美国上市公司治理和财务审计方面存在的严重问题。为加强公司监管、重振投资者信心，美国国会于 2002 年通过《萨班斯-奥克斯利法案》（简称《萨班斯法案》），对美国上市公司财务监管中存在的问题作出了针对性规定。

《萨班斯法案》适用于所有在美国上市和准备赴美上市的公司，包括外国公司，如中国的阿里巴巴、网易等，因而对世界范围内的企业经营和合规管理产生了深远影响。

2004 年，巴塞尔银行监管委员会颁布《巴塞尔协议》，鼓励银行不仅要识别当前的风险，而且要识别将来的风险，并且改进现有的风险管理体系来管理这些风险。2005 年，巴塞尔银行监管委员会又发布了《合规与银行内部合规部门》高级文件。

这一时期对合规发展产生重要影响的，还包括 2004 年修订后的《针对机构实体联邦量刑指南》。修订后的《量刑指南》为评估合规体系的有效性规定了更为细致和严格的要求，包括但不限于：培养诚信合规的组织文化、强调管理层对合规体系的监督、加强员工合规培训和宣介、建立内外部风险评估机制等内容。

（三）企业合规体系的发展和完善

肇端于 2007 年的次贷危机席卷全美。为遏制金融违规、挽回公众信任，美国国会于2010年通过了《多德-弗兰克华尔街改革和消费者保护法案》。该法案的规则覆盖了几乎整个金融业和国民经济，旨在改善金融业责任制和透明度，避免再次发生经济危机，是美国金融业自大萧条以来最为深远的一次改革。

反腐败合规在这一阶段再次成为热点。以美国对德国西门子公司的反腐败执法案为代表，美国司法部和证券交易委员会在这一时期对大量跨国公司进行了反腐败调查和执法。受《反海外腐败法》巨额罚款的警示（西门子被罚约16亿美元）和会计条款的要求，众多企业开始不断加强自身的反腐败合规体系建设。

2010年，《量刑指南》再次修订，此次修订强调了合规官的独立性，对企业合规体系建设产生了不小的影响。

2010年，经合组织颁布《内控、道德与合规最佳行为指南》，要求企业制定明确的政策来禁止海外贿赂，制定针对所有员工的合规执行体系、相关交流和培训机制、完善的举报制度等。

2014年，国际标准化组织发布实施了《合规管理体系 指南》（ISO 19600），将合规管理分为建立和改进两部分，包括确定合规范围、建立合规方针、评估合规风险、制订应对计划、实施和控制、评估和报告、持续改进等阶段，为所有规模和类型的企业建立有效的合规管理体系提出了指导性建议。

2014年，亚太经合组织通过了《北京反腐败宣言》《亚太经合组织预防贿赂和反贿赂法律执行准则》《亚太经合组织高效率公司合规项目基本要素》。

2016年，国际标准化组织颁布了《反贿赂管理体系——要求和使用指南》（ISO 37001：2016），对于企业运营当中可能存在的不正当的利益往来行为，阐述了预防、发现和应对措施。

2017 年，美国司法部发布的《合规管理体系评估》罗列了问题样本清单，企业可以对照这份清单，对自身合规管理体系的充分性和效能进行评估。

2019 年，《量刑指南》更新版明确提出了 12 项评估合规体系有效性的指标，并在《商业组织联邦起诉原则》中明确提出了 3 个评价标准：合规体系是否设计良好？是否有效实施？是否实际发挥作用？

2021 年，国际标准化组织的《合规管理体系 要求及使用指南》（ISO 37301：2021）正式发布实施。ISO 37301 规定了组织建立、运行、维护和改进合规管理体系的要求，并提供了使用指南，适用于全球任何类型、规模、性质和行业的组织。

到目前为止，经营合规的概念已经深入商业领域的各个方面，各个国际组织都为构建全世界范围内公平、公正的合法合规经营环境不断努力着。而反过来对企业而言，经营风险不可能完全杜绝，但却可以利用已尽合规义务的规则来保护自身，并且利用合规管理规则来加强企业建设。可以说，合规潮流不可逆，主动拥抱使用才是正确的做法。

点评：

从合规的起源到完善成形这近一个世纪的发展历程之中，我们可以看到企业的合规从最初经济法的各领域，如反垄断法、证券和金融监管以及跨国商业行为，到现在已经扩展到经济和社会规制的各个领域。它从不同的企业和部门兴起，从最开始的分流和不同目标，到 20 世纪 90 年代，最终汇总成干流，初步形成相对完整的体系，而目前已经成为各国家、地区乃至全球商业组织和法律部门的共享制度。每一次合规的演变都是各个历史大事件迭代的结果，各个国家和组织都努力地从失败事件中总结经验，逐步完善并形成达成共识的合规规范。

站在企业的立场上，合规更多和“风险管理”“内控体系”联系在一起。对于风险事件而言，每一个风险事件有危又有机，危与机是共存的孪生兄弟。每一个风险事件，不只是事故，同时也是改进的契机，是推动前进的最深刻动力。因此，每个企业经营者都应充分意识到以下几点：

第一，合规要求不是对企业的约束，它最终的目标是引导全球商业环境朝健康有序、公平公正的方向发展。

第二，只有融入全球商业规则中，成为其中合格的一分子，才能接入全球的供应链环境，获取更多的业务机会，同时也能规避更多的风险。可以说，企业成为“合规组织”是参与全球竞争的最基本条件。

第三，注重企业发展过程中或者同行业中的每一次大事件，这是完善企业运行机制，规避运营风险的最好时机。

“走出去”与“全球性协作”是不可逆转的趋势，因时势而勃发的中国合规管理成为我国各个企业在国际化进程中的实践热点。但是源于美国并扩展到世界范围内的这一制度，在国内推行的时候的确有许多值得检讨的地方。中国式的公司治理、法治水平和大陆法系的制度局限性，限制了合规作用的发挥。然而，相对于开拓者，我们是幸运的，可以站在前人的肩膀上去处理合规问题。我们还需要不断地完善合规管理和制度，这正是我们向前迈进最正确的方向。

三、合规管理的基本概念

合规是指企业及其员工的经营管理行为符合有关法律法规、国际条约、监管规定、行业准则、商业惯例、道德规范和企业依法制定的章程及规章制度等要求，是企业通过制定合规政策，按照内部规范的要求统一制定并持续修改合规规范，监督内部规范的执行，以增强内部合规控制；对违规行为进行持续识别、监测、预警，防范、控制、化解合规风险的一整套管理活动和机制。

合规管理包括组织内部的自我审查和来自外部组织的监管，其主要内容包括（但不限于）：合规管理制度建设、合规文化建设、合规信息系统建设、合规咨询、合规培训、合规审核、合规审计、合规检查、合规考核、合规评价、合规报告、法律法规追踪、投诉举报处理、监管配合和合规问责等。

四、合规管理的意义

（一）中国当前合规管理的现状

合规管理理念和实践于20世纪70年代末由三资企业引入中国。就合规监管而言，我国也经历了由金融机构逐步向其他行业扩散的过程。目前，我国政府对于企业合规管理体系的建设十分重视，要求各行业都应加强企业合规管理，完善企业合规建设。

2006年10月，中国银监会颁布了《商业银行合规风险管理指引》，为商业银行合规风险的管理提出了指引。

2016年4月，国务院国有资产监督管理委员会印发了《关于在部分中央企业开展合规管理体系建设试点工作的通知》，指出企业合规管理在中国移动、中国石油、东方电气集团、招商局集团、中国中铁等5家中央企业开始试点。

然而，和跨国企业相比，中国企业在合规问题的处理上相对落后，很多中小企业乃至部分大企业甚至都不知道合规管理的概念，而相对重视合规管理的企业，如华为、中兴通讯和中国铁建等，其合规管理体系的构建也还处于起步阶段。我国对企业经营合规方面的相关法律法规也正在逐步完善过程中。

2008 年以来，中国企业大规模“走出去”，因为对国际上通行规则与非通行规则的认识不足或者理解不到位而产生了大量不合规的商业行为，导致企业受到经营所在地政府或者国际组织的制裁。这不仅给企业造成经济与声誉损失，还给中国企业国际形象带来负面影响。

在 2018 年，中兴通讯被美国政府处罚 14.9 亿美元的同时，被列入美国禁售制裁名单，几乎濒临倒闭。同样是中国通信行业领头羊的华为也一直受到美国相关监管机构的调查。

近年来，随着中国企业国际化程度逐步加深，我国“一带一路”倡议持续推进，更多的中国企业，尤其是工程建设、工程服务类企业，参与到世界银行以及其他国际多边开发机构贷款项目的投标、建设及服务中。然而，自 2019 年新冠疫情暴发以来，贸易保护主义日渐盛行、民粹主义不断抬头，部分地区地缘政治紧张局势难见缓解，大国政治博弈进一步加剧。受台海问题、新疆问题、印巴问题、南海问题以及 2022 年愈演愈烈的俄乌局势影响，欧美部分国家或组织为打击我国经济社会的发展，对我国在海外上市、经营的企业或项目开展过度的审核与监管，这使中国企业面临的境外经营合规风险越来越大。

截至 2022 年 3 月 11 日，世界银行官网公布数据，尚在制裁名单上的中国企业和个人共计 196 个（不含港澳台），中国是受世界银行制裁企业数量最多的国家。这为“走出去”的中国企业在合规管理方面敲响了警钟。

(二) 国家对企业境外经营合规管理的重视

国家对企业境外经营合规管理越来越重视。近年来，陆续出台了规范企业境外经营行为、提升企业合规管理水平的方针政策，详见表1-1。

表 1-1 中国政府近年来发布的合规要求

时间	机　构	事　项
2010 年 8 月	商务部、外交部、国家发展改革委、公安部、国务院国资委、安全监管总局、全国工商联	·印发《境外中资企业机构和人员安全管理规定》 进一步加强新形势下境外中资企业机构和人员安全保护工作，保障“走出去”战略的顺利实施。
2011 年 7 月	国务院国资委	·发布《中央企业境外国有资产监督管理暂行办法》 目的是规范境外企业经营行为，维护境外国有资产权益，防止国有资产流失。
2013 年 2 月	商务部、环境保护部	·印发《对外投资合作环境保护指南》 引导企业积极履行环境保护社会责任，推动对外投资合作可持续发展。
2013 年 3 月	商务部	·印发《规范对外投资合作领域竞争行为的规定》 促进对外投资合作业务健康和可持续发展，规范企业海外经营行为，鼓励和保护公平竞争，杜绝不正当竞争行为，提升对外投资合作企业管理水平和竞争能力。

续 表

时间	机　构	事　项
2014 年 1 月	商务部、财政部	·审议通过《对外劳务合作风险处置备用金管理办法（试行）》 目的是规范对外劳务合作企业的经营行为，保障外派劳务人员合法权益。
2014 年 8 月	商务部	·审议通过《境外投资管理办法》 促进和规范境外投资，提高境外投资便利化水平。
2017 年 5 月	中央全面深化改革领导小组	·审议通过《关于规范企业海外经营行为的若干意见》 提出要“加强企业海外经营行为合规制度建设”。
2017 年 12 月	国家发展改革委、商务部、人民银行、外交部、全国工商联	·发布《民营企业境外投资经营行为规范》 从完善经营管理体系、依法合规诚信经营、切实履行社会责任、注重资源环境保护和加强境外风险防控等五方面对民营企业境外投资经营活动进行引导和规范。
2017 年 12 月	国家发展改革委	·审议通过《企业境外投资管理办法》 加强境外投资宏观指导，优化境外投资综合服务，完善境外投资全程监管，促进境外投资持续健康发展。
2017 年 12 月	国家质量监督检验检疫总局和国家标准化管理委员会	·发布《合规管理体系 指南》（GB/T 35770—2017/ISO 19600：2014） 为企业全面系统地建设合规管理体系提供了具体的指南。

续 表

时间	机 构	事 项
2018 年 8 月	推进“一带一路”建设工作 5 周年座谈会	强调企业应规范投资经营行为，合法合规经营，注意保护环境，履行社会责任，成为共建“一带一路”的形象大使。
2018 年 11 月	国务院国资委	·印发《中央企业合规管理指引（试行）》 对中央企业的合规管理体系建设提出了要求和建议。
2018 年 12 月	国家发展改革委等七部委	·发布《企业境外经营管理指引》 对于推动企业持续提升合规管理水平提供了更加具体的行动指引。
2021 年 8 月	国家市场监督管理总局和国家标准化管理委员会	·发布《合规管理体系 要求及使用指南》征求意见稿 该稿基于 ISO 37301：2021 进行修订并代替 GB/T 35770—2017。

在 2018 年 11 月举行的民营企业座谈会上，习近平总书记指出，要在合法合规中提高企业竞争能力，形成更多具有全球竞争力的世界一流企业。在第二届“一带一路”国际合作高峰论坛上，习近平主席进一步明确，共建“一带一路”要引入各方普遍支持的规则标准，推动企业在项目建设、运营、采购、招投标等环节按照普遍接受的国际规则标准进行，同时要尊重各国法律法规。李克强总理也曾在批示中强调，强化合规经营意识是企业“走出去”的前提。他还要求国家发展改革委、商务部、国务院国资委、外交部四部委调查中国企业“走出去”遇到的问题，指导企业特别是国有大中型企业在经营中遵规守

法，切实防范风险。

2021年12月，国务院国资委发布《关于进一步深化法治央企建设的意见》，提出认真落实全面依法治国战略部署，持续深化法治央企建设，着力构建世界一流企业的合规制度体系，不断提升依法治企能力，助推企业高质量发展。2021年12月3日，国务院国资委再次召开中央企业“合规管理强化年”工作部署会，强调中央企业必须把强化合规放到贯彻习近平法治思想的高度来认识，放到落实全面依法治国战略的全局来部署，放到保障企业高质量发展的层面来推动，力争通过一年时间推动企业合规管理工作，建立健全企业合规管理体系，真正发挥规范管理、防控风险、支撑保障的重要作用。

同时，中国政府也更加积极地参与全球反腐败与合规管理的国际合作。2014年亚太经合组织（APEC）北京会议通过了《北京反腐败宣言》（简称《宣言》），中国是《宣言》的发起者和参与者。此外，中国还参与发起并通过了《亚太经合组织预防贿赂和反贿赂法律执行准则》《亚太经合组织高效率公司合规项目基本要素》等重要文件。同时，中国也积极加入各类世界级别的公约，如《联合国反腐败公约》《国际商务交易中打击勒索和贿赂行为准则》等。作为中国的企业，必然要顺应全球合规治理加强的大趋势，履行公约所规定的义务，积极预防和应对商业贿赂，树立和维护国家形象。

（三）中国企业境外经营合规管理的重要意义

合规管理是企业稳健经营运行的内在要求，也是防范违规风险的基本前提，是每一个企业都必须重视且进行管理的一部分，也是保障自身利益的有力武器。

合规管理可以防止决策失误。领导者的权限较大，再小的决策失误都有可能引发公司的多米诺效应。合规化管理能够通过约束高层领导人员的相关行为，最大限度地减少因决策失误而带来的经营风险。

合规化管理是规范员工行为的有效手段，通过建构科学的企业合规文化以及合规体系，有利于让员工养成合规化的习惯，避免违规风险。同时在制度层面向广大员工普及合规管理的相关条例，有利于让员工自觉自律地避免违规化操作。

对于境外经营的中国企业来说，合规管理还有着更多更高层次的意义。

1. **树立和维护国家形象的需要**

跨国企业虽然具有国际性，并且遵循基本的商业逻辑行事，但在以国家为主体的当代世界中，让人产生的第一印象还是其国家形象。如果中国企业在“走出去”的时候能够塑造一个遵规、亲和、友善、负责的中国形象，就会减少许多冲突和困境。因此，建立合规体系并使其有效运行，是使企业所有商业活动始终保持合法合规的基本保障，是中国企业在境外经营时，树立和维护国家整体形象、提升企业国际声誉的最基本条件。

2. **文化融入的需要**

在国际市场上，我国企业在工程建设领域技术方面的差距并不大，但在管理和文化层面还有很大差距。因此，建设与国际经营接轨的先进企业文化，转变思想观念、改变思维方式，成为我们参与国际竞争的关键因素。

在合规经营、反对腐败成为主流价值观的大背景下，我们首先要创新的就是合规文化。要把文化理念转变为行为，需要通过建立系统的制度，将合规要求融入具体的工作流程及岗位中，持之以恒地严格执行。将表面的合规管理逐渐变成习惯，形成一种严谨的行为方式。通过合规制度的建立与执行、合规文化的培育，将管理文化由任意型、粗放型向信誉型、集约型转变。

中国文化比较强调变通、灵活，有时候这是优点，有时候就容易出问题。企业要想真正融入国际大家庭，实现做强做优，就必须对我们的行为方式和道德文化进行认真反思和总结，学会遵守国际游戏规则，才有可能自立于世界大企业之林。

3. 市场竞争的需要

随着中国企业的发展壮大，一部分中国企业已处于发展变革的重要阶段。在这个阶段中，一是面临更多、更复杂的合规风险。二是在合规要求更严格的环境下参与市场竞争是未来的发展趋势，这就决定我们只有走合规经营之路，才能防范合规风险，才能在世界范围内和发达国家跨国公司竞争。而合规经营又能反过来提升企业的信誉，从而增强国际竞争能力。通过行为的合规来进一步保障执行结果正确，这也是提升企业经营质量的必选之路。

4. 防范政治风险的需要

当前，世界正在经历大变局，人类社会进入大发展、大变革的新时代。世界多极化、经济全球化、社会信息化、文化多样化持续发展，全球治理体系和国际秩序变革持续推进，各国相互联系和依存大大加深，国际力量分布趋于重构，国际社会对于可持续发展的呼声更加强烈。与此同时，国际及地区安全形势日趋复杂，全球性威胁挑战日益上升。国际上少数势力继续顽固奉行单边主义，诉诸强权政治，干涉他国内政，损害他国正当权益，制造矛盾、分歧和对抗，阻碍人类社会发展进步。

在这样恶劣的国际形势背景下，作为后起之秀的中国企业，在国际市场上的一举一动都备受关注，一旦出现失误就会被无限放大、抹黑。如何保持合规经营，不被某些国家用经济规则的借口制约发展，对于应对极高的地缘政治风险具有积极意义。

（四）工程建设企业境外经营合规管理的重要性

自2013年我们提出共建“一带一路”倡议以来，越来越多国家响应，共建“一带一路”正在成为我国参与全球开放合作、改善全球经济治理体系、促进全球共同发展繁荣、推动构建人类命运共同体的中国方案。其中，作为共建“一带一路”的“排头兵”，对外工程承包企业与“一带一路”沿线国家一起，以基础设施互联互通建设为起点和重点，共同建设了许多重大项目，对切实改善相关国家的基础设施状况发挥了重要作用。互联互通的基础设施发展目标更为对外工程承包业务注入了活力和动力。

随着共建“一带一路”向高质量发展方向不断推进，对外承包工程业务面临发展方式创新、合规合法经营等重大挑战。近年来的政府工作报告均指出，高质量共建“一带一路”，坚持共商共建共享。其中特别强调要“遵循市场原则和国际通行规则”，这必然要求“走出去”的中国企业把境外合规经营放在首位，不搞内幕交易，不钻漏洞空子，树立起境外合规经营优秀典范的形象，让国际社会看到，惠及世界人民的“一带一路”是有规矩、守规矩的“一带一路”。同时，企业也能通过完善合规运营体系，形成合规文化，进一步提升在国际市场中的声誉和竞争力，朝着良性、健康的方向行稳致远。

五、融合ESG评价体系的合规管理

（一）ESG评价体系

ESG是英文 environmental（环境）、social（社会）和 governance

（治理）的缩写，其概念由联合国于 2004 年率先提出，是一种旨在引导社会关注企业环境、社会、治理能力而非只偏重财务绩效的价值理念和评价标准，是对企业在促进经济可持续发展、履行社会责任等方面所作出的贡献进行评估。ESG 标准下的“E”（环境）将重点放在企业环保政策、员工环保意识及企业对于温室气体排放、空气质量、能源管理、燃料管理、水及污水管理、生物多样性等多方面所作出的贡献，“S”（社会）则侧重于企业在人权、客户权益、社区关系、数据安全及客户隐私、劳工关系、职业健康与安全、多样化与共融等方面的成绩，“G”（治理）指企业在系统化风险管理、意外及安全管理、报告和审计政策、监管覆盖等多方面的举措。

政府监管机构和投资者可以通过对企业 ESG 绩效的观察，评价投资对象在促进环境保护、促进经济可持续发展和履行社会责任等方面的表现，进而在政策引导和投资决策方面采取相应的行动。ESG 评价体系已逐步发展成为衡量企业发展潜力和前景的新型标准和投资人遵循的投资准则，其理念在全球政府和市场主体中得到广泛实践和推广，并成为发达国家、新兴市场国家的主流投资理念和实践策略之一。

（二）ESG 在中国的发展

目前我国尚未全面要求上市公司强制性进行 ESG 相关信息的披露。近年来，在全球节能减排的环保大背景及我国可持续发展战略的带动下，我国政府亦提出在 2030 年前实现碳达峰、2060 年前实现碳中和（“双碳”）目标，ESG 体系中所倡导的节能环保、可持续的企业经营理念与国家所倡导的可持续发展战略及绿色发展理念高度契合。

基于上述背景，我国政府及证监会对于规模型企业、上市公司及特殊行业进行 ESG 相关信息披露、开展 ESG 评级的意愿越来越强烈。

例如，在2020年3月，由中共中央办公厅、国务院办公厅印发《关于构建现代环境治理体系的指导意见》，指出要建立完善上市公司和发债企业强制性环境治理信息披露制度。2021年5月，生态环境部发布《企业环境信息依法披露管理办法》，要求符合条件的重点排污单位、上市公司、清洁生产审核企业、发债企业强制披露环境信息。2021年7月，中国人民银行印发行业标准《金融机构环境信息披露指南》，有效促进更多金融机构编制环境信息披露报告。2022年3月，国务院国资委成立社会责任局，其主要责任之一为“抓好中央企业社会责任体系构建工作，指导推动企业积极践行ESG理念，主动适应、引领国际规则标准制定，更好推动可持续发展”。2022年4月，中国证监会发布《上市公司投资者关系管理工作指引》，明确了上市公司投资者关系管理工作的主要职责，在沟通内容中增加上市公司的ESG信息。2022年5月，国务院国资委发布《提高央企控股上市公司质量工作方案》，提出力争2023年实现央企ESG报告的全覆盖，并且要推动央企建立ESG的评级体系。2023年4月，生态环境部、自然资源部等11部门发布《碳达峰碳中和标准体系建设指南》，提出加快构建结构合理、层次分明、适应经济社会高质量发展的碳达峰碳中和标准体系。2024年4月，上海、深圳和北京证券交易所共同发布了《上市公司可持续发展报告指引》，要求上证180、科创50、深证100、创业板指数样本公司及境内外同时上市的近460家公司强制披露ESG报告，且需在2026年4月30日前与2025年报同期披露。

上述文件的发布及相关指导机构的成立，无不在向社会释放一种信号：国家持续关注ESG体系，ESG报告在企业年度报告中的占比将逐渐增大，未来ESG评价体系将对上市公司及拟上市公司产生更大的影响。

2023 年 9 月，《中央企业上市公司 ESG 蓝皮书（2023）》对 441 家央企上市公司的 ESG 治理水平进行了综合性评价。蓝皮书显示，2023 年逾 60%的央企上市公司明确了 ESG 战略规划相关要求，近 80%的央企上市公司明确了 ESG 主管部门或处室。截至 2023 年 8 月底，近 87%的央企上市公司发布了独立的社会责任报告及 ESG 报告，54 家中央企业实现控股上市公司报告发布“全覆盖”。

国际 ESG 的发展主要得益于国际组织及投资者的市场推动，而在我国 ESG 政策的发展过程中，监管部门起到了非常重要的引导作用。例如：

（1）国务院国资委对中央企业和国有企业披露社会责任报告或 ESG 报告提出了明确要求。

（2）生态环境部门对环境信息披露作出了具体要求，信息披露的主体和内容较以往都更加完善。

（3）中国人民银行主要对金融机构披露环境信息提出要求，并发布了相关指南。

（4）中国证监会和证券交易所主要对上市公司披露社会责任报告、ESG 报告提出了相关要求，包括港股上市公司、A 股纳入 MSCI 指数（明晟指数）的上市公司、科创板公司以及其他符合条件的沪市及深市上市公司。其中，港交所发布了具体的 ESG 披露指引。

然而，目前国内尚未建成较为完善的 ESG 信息披露体系，以此来衡量企业信息披露的可比性、可靠性和可信度。

我国不少企业表示，国际主流评级体系的 ESG 价值观存在一定程度的差异，在中国使用时难以结合中国国情，导致对中国企业的评价不够客观。部分企业参照了国际主流 ESG 披露标准，例如全球报告倡议组织（GRI）发布的标准。一些在 ESG 方面做了很多实事的中国企业，所获评价低于实际情况，投资机构难以依据评估结果对 ESG 风险和价值作出全面分析判断。

不过，我国 ESG 相关团体标准在近年快速涌现。如 2022 年 6 月 1 日起正式实施的国内首个企业 ESG 披露团体标准《企业 ESG 披露指南》（T/CERDS 2—2022）。

进一步引导和规范国内 ESG 信息披露标准，立足我国国情和发展阶段，加快构建中国特色 ESG 评价体系已成为业内共识。

点评：

国内外 ESG 评价体系

1. 国际 ESG 评价体系

据不完全统计，全球 ESG 评级机构有 600 多家，其中影响力较大的有彭博、明晟、汤森路透、富时罗素、路孚特、晨星等。不过，不同 ESG 评级机构在机构使命、机构特性、评级目标、评级框架、评级方法、打分机制、评级结果，乃至产品与服务方面存在巨大差异。

例如，英国富时指数涉及 12 个领域 300 个指标，汤森路透 ESG 评级涉及 10 个领域 178 个指标，道琼斯指数涉及环境和社会的六大领域，MSCI 指数涉及 10 个主题 35 个关键问题，晨星 ESG 则涉及 6 个领域共 18 个关键问题。当然，各评级机构也会逐步更新其评级标准。

2. 国内 ESG 评价体系

与国际相比，国内 ESG 评价体系起步较晚，但近几年发展却很迅速。目前，国内主流 ESG 评级体系有华证 ESG 评级、中证 ESG 评级、商道融绿 ESG 评级、嘉实 ESG 评级、社会价值投资联盟 ESG 评级、万得 ESG 评级等。

在评级对象方面，华证、中证、商道融绿与嘉实基金等机构的 ESG 评级体系均为 A 股公司，其他机构以中证 800、沪深 300 成分股为主。指标体系方面，多数评级的一级指标体系从 E、S、G 三个维度展开。

在数据搜集方面，多数机构通过公司公开披露与多方监控等多渠道获取。

（三）融合 ESG 的合规管理体系

ESG 合规已成为业界共识。ESG 作为衡量企业发展可持续性表现的重要维度之一，是建立企业合规管理体系不可或缺的重要组成部分。但相较于其他的合规事项，目前阶段的 ESG 合规还需要参考更多的国际合规标准和风险管理方法，同时也有必要了解其他国家的合规要求，以适应“企业出海”的需要。因此，在 ESG 领域，我国企业所要合的“规”体现出了国际化程度高、合规边界广的特征。总体上，ESG 的公司治理维度要求企业进行合规风险识别和管理，这就需要企业根据部门职责、岗位职责和不同类型的组织活动，识别合规风险源，并定义每个合规风险源对应的合规风险状态，以制定合规风险源清单和合规风险状态清单。《合规管理体系 要求及使用指南》（ISO 37301）与一些风险管理的标准和评估技术，如《风险管理标准》（ISO 31000）和《风险管理-风险评估技术》（IEC 31010），可作为 ESG 评价体系中系统性风险的识别提供方法论依据。

融入 ESG 的合规体系应建立在对 ESG 理念和实践、大合规因素的深刻理解之上，塑造真正良好的 ESG 评价体系，进而有效防范或降低系统性风险。

（四）企业在 ESG 体系下的合规管理

企业内部 ESG 合规体系的建立是势在必行的，需将 ESG 纳入公司运营的方方面面，在公司日常风险管控中增强环境保护、社会责任以及公司治理成效等方面的意识，在制定公司合规目标时，除传统的财务效益外，还应兼顾环境效益及社会效益。

具体而言，在环境因素上，企业可借助外部专业律师团队的力量为企业披露 ESG 体系下企业可能存在的风险，例如在某一具体项目立项前委托专业律师团队进行环境、环保尽职调查，对潜在的环境风险及社会影响进行评估与管理；在项目具体实施过程中时刻防范环境因素风险，防范其因项目实施造成环境污染而遭受行政处罚等。同时，结合目前的“双碳”趋势，企业也可根据自身发展需要及需求参与到绿色金融、碳排放交易之中。目前在碳排放交易方面，国家政策属于重大利好时期，碳排放交易可有效促进企业自身节能降耗，增强企业可持续发展能力，同时也与企业承担污染防治、环境保护等社会责任的理念以及国家“减碳降碳”的决心相契合。

从社会因素而言，企业在开展具体项目时，应注意因地制宜，最大限度地减少项目对当地生态、人文等造成的影响，同时也可开展项目为当地提供更多的就业岗位与经济支持。在项目开展的过程中深度参与当地社区建设，主动承担社会责任。同时企业也应注意此类社会公益福利项目的积累，可在企业内部形成一个 ESG 信息数据库，当企业需要进行 ESG 相关信息披露时，信息数据库将会迅速直观地为企业提供正面素材。

从治理因素上看，企业董事会成员及高管应当将 ESG 体系下的风险防控视为其日常职务的重要组成部分，将 ESG 风险应对纳入日常管理决策。在企业治理方面，企业可委托专业律师团队为其制定 ESG 相关政策指引，并形成一套健全的企业 ESG 管理体系，从而让企业员工都能够有效地参与到企业的 ESG 战略中。企业同时也应注意年度 ESG

报告、半年度或月度环境保护报告的撰写与披露，从 ESG 报告中向投资者及潜在的投资者传递企业可持续发展的理念、战略规划等。

未来近 40 年为我国的“双碳”时代，也是我国以中国式现代化全面推进中华民族伟大复兴、建成社会主义现代化强国的历史时期。实现高质量发展，促进人与自然和谐共生，是中国式现代化的本质要求。实现高质量发展的关键环节就是要推动绿色化、低碳化发展。新时代新征程，随着我国各级政府、监管部门相继出台碳达峰碳中和实施意见、方案，我国企业尤其是重点工业企业应牢固树立 ESG 理念，做好企业合规治理，走上绿色低碳的高质量发展道路。

六、合规管理与风险管理和企业内部控制的关系

（一）三者的含义

1. 合规管理

合规管理的定义如前文所述。

2. 内部控制

内部控制是指企业和各个组织在经济活动中建立的一种相互制约的业务组织形式和职责分工制度，是为了实现其经营目标，保障资产的安全、完整，保证会计信息资料的准确可靠，确保企业经营方针的贯彻执行，以及经营活动的经济性、效率性、效果性，而在企业内部采取的自我调整、约束、规划、评价和控制的一系列方法、程序与措施的总称。

1980 年后，美国 COSO 委员会（全美反舞弊性财务报告委员会发起组织）将“内部控制”定义为“一个组织设计并实施的程序，以便为达到该组织的经营目标提供合理保障”。

在 COSO 委员会制定的内部控制框架中，把内部控制活动分成五大组成部分，即控制环境、风险评估、控制活动、信息与交流、监督评审。

2002 年，美国成立的上市公司会计监管委员会明确采用了《COSO 内部控制整合框架》作为内控评价的标准体系。许多国家和地区的资本市场也采用了《COSO 内部控制整合框架》，有些国家和地区在参照该框架的基础上建立了自己的内控体系。

我国在 2005 年先后出台了《上交所上市公司内部控制指引》和《深交所上市公司内部控制指引》两个文件。这两个文件参照了美国《萨班斯法案》的要求，在理论体系上和《COSO 内部控制整合框架》一脉相承。

3. 风险管理

风险管理是指通过对风险的识别、评估，选择最有效的应对方式，在事前主动地、有目的地、有计划地处理风险，以最小成本争取获得最大安全保证的管理方法。

企业风险管理理论的发展大致分为三个阶段。

第一阶段是以“安全和保险”为特征的风险管理。100 多年前，航运企业风险管理的主要措施就是通过保险把风险转移给保险公司。

第二阶段是以“内部控制和控制纯粹风险”为特征的风险管理。随着工业革命的发展，公司对业务管理和流程方面的内部控制提出了要求。美国 1977 年的《反海外腐败法》要求公司管理层加强内部会计控制，1992 年的《COSO 内部控制整合框架》提出以财务管理为主线的内部控制系统。

第三阶段是以“风险管理战略与企业总体发展战略紧密结合”为特征的全面风险管理。风险管理实践表明，仅靠内部控制难以实现企业的最终目标。为此，COSO 委员会于 2004 年 9 月出台了《COSO 企业风险管理整合框架》，提出了由三个维度构成的风险管理整合框架。

我国国务院国资委于2006年发布《中央企业全面风险管理指引》，标志着我国中央企业建立全面风险管理体系工作的启动。

（二）三者的侧重点

合规管理是内部控制的一个重要方面，也是风险管理的一个关键环节。内控制度的完善离不开合规化的管理及操作。

这三者各有侧重点，详见表1-2。

表1-2 合规管理、内部控制与风险管理的侧重点

合规管理	内部控制	风险管理
1. 反商业贿赂、反欺诈、反舞弊； 2. 反垄断、反不正当竞争、反洗钱； 3. 贸易管制、海关估值、转移定价； 4. 数据安全、信息保护、隐私保护； 5. 高管刑事责任； 6. 税务合规； 7. 安全健康环保； 8. 知识产权保护。	1. 组织架构的设计与运行； 2. 发展战略的制定与实施； 3. 人力资源的引进与开发、使用与退出； 4. 安全生产、产品质量、环境保护与资源节约、促进就业与员工权益保护； 5. 企业文化的建设与评估； 6. 资金活动：筹资、投资和资金营运； 7. 采购业务：购买、付款； 8. 资产管理：存货、固定资产、无形资产； 9. 销售业务：销售、收款； 10. 研究与开发：立项与研究、开发与保护； 11. 工程项目：立项、招标、造价、工程建设、工程验收； 12. 担保业务：调查评估与审批、执行与监控；	1. 战略风险； 2. 财务风险； 3. 市场风险； 4. 运营风险； 5. 法律风险； 6. 环境风险； 7. 政策风险； 8. 技术风险。

续 表

合规管理	内部控制	风险管理
	13. 业务外包：承包方选择、外包实施； 14. 财务报告：编制、对外提供、分析利用； 15. 全面预算：编制、执行、考核； 16. 合同管理：合同订立、履行； 17. 内部信息传递：内部报告的形成、内部报告的使用； 18. 信息系统：开发、运行与维护。	

合规管理的核心是若企业不合规，“企业及相关利益主体将遭遇声誉损害、高额赔偿，乃至刑事处罚”。将企业和个人行为纳入合规管理体系中，保障主体不因不合规而遭受以上损失。这是合规管理的驱动力，也是合规管理的内在核心。完善的合规体系可成为减轻责任的抗辩理由，这是合规可创造的价值，也是锦上添花的事。

内部控制的核心是“通过内部控制五要素，对管理层及员工的行为进行约束，以尽可能实现企业的运营有效、报告可靠、合规这三大目标”。内部控制可以帮助企业实现业绩和盈利目标，同时又保证企业出具的财务报告可靠和企业行为符合法律法规。

风险管理的核心是“以可接受的成本保护和创造价值”。可接受的成本是指企业对风险的偏好程度，保护价值是指企业进行风险管理的基本目的，创造价值是指企业运用风险带来的机会，它是企业进行风险管理的高级目的。随着社会波动性、复杂性和模糊性日益增加，以及利益相关者的参与度越来越高，企业更加需要完善的风险管理机制来应对。将风险管理贯穿于整个企业会产生许多好处，包括增加新的机遇、识别和管理企业的风险、增加竞争优势、减少负面损失、降低绩效偏离度、改善资源部署、提升企业韧性等。近年来，基于风险导向的管理理念逐渐兴起，企业管理中常见的公司治理、企业文化、战略管理、绩效管理、危机管理等方面都可以使用风险管理框架，以促使其更好地标准化、科学化。

（三）三者的关系

合规管理、内部控制、风险管理都是企业治理与管理必不可少的一部分。在经济与社会不确定性不断增加的情形下，以及政策作为经济与社会治理的重要手段不断加强的时代中，在历经一些惨痛教训之后，三者都越发显得重要。

与战略管理、营销管理、人力资源管理等职能与职责相比，合规管理、内部控制与风险管理在企业中偏向于基本保障、风险预防。如果将企业比喻为一辆向前行驶的车辆，那么合规管理、内部控制与风险管理应该类似于刹车、前后护栏、ABS（防抱死制动系统）等组合在一起的功能。

合规管理、内部控制、风险管理侧重的视角不同。合规管理强调对规则（法律、规章制度、商业伦理、当地宗教和文化）的遵守，内部控制强调对行为（企业各层级、业务各环节）的限制，风险管理强调对未来不确定性事件的控制。

合规是内部控制要达到的目标之一，而内部控制则被涵盖在企业风险管理之内，是风险管理的一个基础和组成部分。因此，从三者的内涵来看，合规管理小于内部控制，内部控制小于风险管理。但从价值上来看，三者目前并不是可以相互取代的。

Chapter 2
第二章

科特迪瓦概况

一、地理位置和人口分布

（一）地理位置

科特迪瓦共和国（简称科特迪瓦），位于非洲西部南海岸。西与利比里亚和几内亚交界，北与马里和布基纳法索为邻，东与加纳相连，南濒几内亚湾。

科特迪瓦国土总面积为 322463 平方公里，海岸线长约 550 公里。大部分地区为广阔平原，海拔从南到北逐渐升高。

科特迪瓦首都亚穆苏克罗位于零时区，比北京时间晚 8 小时，不实行夏时制。

点评：

1983 年 3 月 12 日，科特迪瓦决定将首都从阿比让迁往亚穆苏克罗，但政府机构和外交使团仍留在阿比让，2018 年成立的参议院位于亚穆苏克罗。

（二）人口分布

科特迪瓦于 2021 年 7 月发布的人口和住房普查结果显示，该国境内人口总数为 2938.9 万人，其中科特迪瓦籍人口占比为 78%，非科特迪瓦国籍人口占 22%。

科特迪瓦城市人口占比为 52.5%，人口最多的城市为阿比让市，聚集了 36%的城市人口；人口数量排名第二的城市为布瓦凯市，城市人口数占比为 4.7%。科特迪瓦人口结构年轻化，0~18 岁的人口占比为 44.9%，18~35 岁的人口占比为 30.7%。

二、自然环境和自然资源

（一）自然环境

1. 气候条件

科特迪瓦总体属热带气候，共有 3 个主要气候带：亚赤道气候带（年降雨量超过 1500 毫米）、热带湿润气候带（降雨量为 1200～1500 毫米）和苏丹气候带（降雨量为 900～1200 毫米），分别位于该国南部、中部和北部。通常 4 月至 7 月中旬为大雨季，7 月中旬至 9 月为大旱季，9 月至 11 月为小雨季，12 月至次年 3 月为小旱季。

2. 地形地貌

科特迪瓦地形复杂，地势由西北略向东南倾斜。沿海地势低平，多沼泽和沙洲；内陆则多为起伏平缓的低高原。西北部为山区，最高峰为宁巴山，海拔 1752 米。

3. 水系

科特迪瓦水力资源丰富。南部濒临大西洋几内亚湾，海岸线长达 550 公里。境内河流包括邦达马河（950 公里）、科莫埃河（900 公里）、萨桑德拉河（650 公里）和卡瓦利河（600 公里），河流总流长 3100 多公里，总流域面积 232700 平方公里。

（二）自然资源

科特迪瓦主要矿藏有钻石、黄金、锰、镍、铀、铁和石油。截至 2023 年 12 月，该国已探明的石油储量约为 2.2 亿桶，天然气储量为 1.1 万亿立方米，铁矿石储量为 15 亿吨，铝矾土储量为 12 亿吨，镍储量为 4.4 亿吨，锰储量为 3500 万吨。

据科特迪瓦经济与财政部统计，科特迪瓦矿石资源开发占国内生产总值不到5%，目前仅有黄金、锰、镍和铝土实现了工业化开采。

2022 年，科特迪瓦黄金产量同比增长 14%，达到 48 吨，2019 年至 2022 年 3 年间增幅近 50%。2023 年加拿大公司 Roxgold 拥有的 Fortuna和 Tietto 矿山投产，Endeavour 矿山运营，预计 2024 年科特迪瓦黄金产量将达到 55 吨。目前科特迪瓦是非洲十大黄金生产国之一。

科特迪瓦主要经济作物有可可、腰果、椰子、咖啡、棉花和菠萝，是世界上最大的可可生产国。科特迪瓦森林资源丰富，但因长期砍伐，目前热带雨林面积仅约 200 万公顷。

三、经济状况和发展规划

（一）经济状况

1. 总体经济

科特迪瓦实行以“自由资本主义”和“科特迪瓦化”为中心内容的自由经济体制。20 世纪六七十年代，科特迪瓦经济发展迅速，国内生产总值（GDP）年均增长 8%，创造了经济奇迹。进入 80 年代后，受西方经济危机的影响，经济状况恶化，90 年代中期曾一度复苏。1999 年发生军事政变后，科特迪瓦经济急剧恶化，直至 2007 年内战结束后低速回升。2011 年 4 月，科特迪瓦大选危机结束，新政府积极开展恢复重建工作，大力扶持港口、石油等重点部门，振兴咖啡、可可等支柱产业，整顿金融市场，开展基础设施建设，改善投资环境以积极争取外援和外资，并已取得一定成效。

非洲开发银行发布的 2023 年度《非洲宏观经济表现与展望报告》

显示，在 2023—2024 年度经济增长表现最好的 5 个非洲国家中，科特迪瓦名列第二位。

国际货币基金组织（IMF）《世界经济展望报告》数据显示，科特迪瓦是 2023 年 GDP 增长最快的 10 个非洲国家之一，名列第三位。

2023 年 12 月，科特迪瓦政府与世界银行在阿比让启动 2023—2027 年合作框架，该框架的实施将有利于加强科特迪瓦经济增长动力和改善人民福祉，助力科特迪瓦实现 2030 年经济转型愿景。

2. GDP

2022 年科特迪瓦 GDP 为 436815 亿西非法郎（约合 727 亿美元），与上年同期（约合 663 亿美元）相比增长约 64 亿美元，增长率为 6.7%。对公共和私人领域，尤其是对基础设施项目的强劲投资是科特迪瓦 GDP 增长主要原因，其投资占 GDP 的比例从 2021 年的 24%增至 2022 年的 26.4%。

2022 年科特迪瓦人均 GDP 达到 144 万西非法郎（约合 2400 美元），而 2021 年为 135 万西非法郎（约合 2250 美元）。

2023 年第二季度，科特迪瓦 GDP 增速为 6.2%，截至 2023 年第三季度，商贸领域增速为 3.9%。其中，批发产品贸易和中间商服务上涨 24.9%。纯农业产品、活禽、食品、烟酒类批发贸易上涨 9.2%，非消费类产品贸易上涨 11.8%。小汽车、摩托车贸易、维修领域上涨 13.4%，轻型汽车销售上涨 23.3%。零售贸易下降 3%，主要是受汽油、食品价格上涨影响，消费者在零售领域需求下降 11.2%。2023 全年，科特迪瓦的经济增长率预计将达到 7.0%。

为了支持继续实施 2021—2025 年国家发展计划，科特迪瓦已与国际货币基金组织达成了 2023—2026 年期间的新经济和金融计划，国际货币基金组织已同意向科特迪瓦提供大量支持。科特迪瓦经济预测、政策和统计局数据显示，2023 年预计人均 GDP 为 2519 美元，投资率占 GDP 的 27.4%，公共投资率占比 9.8%。科特迪瓦主要经济数据见表 2-1。

表 2-1　2015—2023 年科特迪瓦主要经济数据

指　标	2018 年	2019 年	2020 年	2021 年	2022 年	2023 年预估
GDP 增长率(%)	6.9	6.2	1.7	7.4	6.7	7.2
人均 GDP(美元)	2272.0	2234.6	2183.7	2444.7	2321.6	2519.0
投资率占比(%)	19.8	21.1	24.0	24.0	26.4	27.4
公共投资率占比(%)	5.2	5.4	8.6	8.5	9.7	9.8
通货膨胀率(%)	0.6	0.8	2.4	4.2	5.2	3.7
经常账户余额占比(%)	-3.6	-2.3	-3.1	-4.0	-6.6	-6.2
贫困率(%)	39.4	38.4	38.8	37.0	36.1	34.5

数据来源：科特迪瓦经济预测、政策和统计局网站。

3. 政府财政

据科特迪瓦经济预测、政策和统计局数据，2023 年科特迪瓦政府财政收入和捐赠收入预计 7837.2 亿西非法郎，占 GDP 的 16.4%；税收收入 6638.0 亿西非法郎，占 GDP 的 13.9%；总支出和净贷款 10351.3 亿西非法郎，占 GDP 的 21.6%；预算结余-2514.1 亿西非法郎，占 GDP 的-5.2%；主要余额-1744.5 西非法郎，占 GDP 的-3.6%。科特迪瓦历年公共财政概况见表 2-2。

科特迪瓦政府于 2023 年 10 月 25 日宣布了 2024 年 137207 亿西非法郎的预算草案，约合 210 亿欧元。与 2023 年设定的 116944 亿西非法郎的预算相比，有 17.3%的大幅增长。

表 2-2　科特迪瓦历年公共财政概况

指　标	单　位	2018 年	2019 年	2020 年	2021 年	2022 年	2023 年预估
财政收入	亿西非法郎	4764.1	5158.4	5289.2	6140.2	6385.9	7837.2
捐赠收入	占 GDP（%）	14.8	15.0	14.6	15.7	14.6	16.4
税收	亿西非法郎	3882.4	4205.4	4356.1	5096.0	5318.2	6638.0
	占 GDP（%）	12.0	12.3	12.0	12.8	12.2	13.4
总支出和净贷款	亿西非法郎	5708.3	5943.9	7255.1	8102.0	9367.9	10351.3
	占 GDP（%）	17.7	17.3	20.0	20.3	21.4	21.6
预算结余	亿西非法郎	-944.2	-785.5	-1965.9	-1961.8	-2982.0	-2514.1
	占 GDP（%）	-2.9	-2.3	-5.4	-4.9	-6.8	-5.2
主要余额	亿西非法郎	-755.3	-539.4	-1495.3	-1361.9	-2245.3	-1744.5
	占 GDP（%）	-2.3	-1.5	-4.1	-3.4	-5.1	-3.6
经常账户余额	占 GDP（%）	-3.6	-2.3	-3.1	-4.0	-6.6	-6.2

数据来源：科特迪瓦经济预测、政策和统计局网站。

点评：

2023 年 5 月，科特迪瓦在地区金融市场成功发行债券，筹集 594.4 亿西非法郎（约 0.97 亿美元），认购率达 102.44%。

2023 年国际货币基金组织宣布向科特迪瓦提供 35 亿美元贷款。

2022 年至 2023 年 10 月，伊斯兰发展银行对科特迪瓦投资额上升至 24.38 亿美元，主要集中在基础设施建设、农业、高科技教育及环境可持续发展领域，为促进科特迪瓦经济发展、缩小社会及城乡差距贡献重要力量。

4. 通货膨胀率

2022 年，科特迪瓦按消费者价格指数衡量的通货膨胀值（年通胀率）为 5.27%。2023 年预计为 3.7%。历年演变见图 2-1。

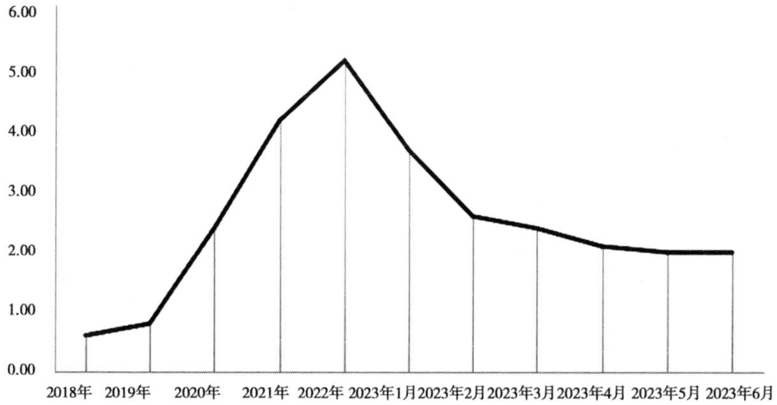

图 2-1　科特迪瓦 2018—2023 年通货膨胀率的演变（%）

数据来源：科特迪瓦经济预测、政策和统计局网站。

5. 失业率

科特迪瓦失业率在 2011 年、2012 年升至 7.2%，2016 年回落至 1.6%，为近年来最低。2022 年，科特迪瓦失业率为 2.6%，具体见图2-2。

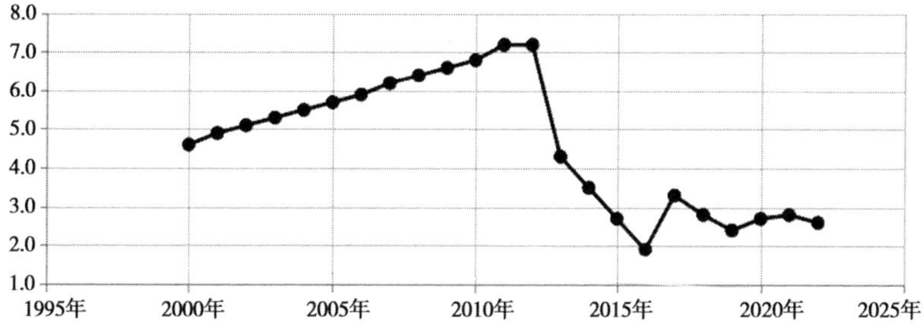

图 2-2　2000—2022 年科特迪瓦失业率情况（%）

数据来源：世界银行。

6. 贸易

2019 年起，科特迪瓦外贸顺差呈递减趋势，由 2019 年底的 13070 亿西非法郎（约 21.78 亿美元）降至 2021 年的 7310 亿西非法郎（约 12.18 亿美元），2022 年出现逆差 10104.9 亿西非法郎（约 16.84 亿美元）。这是 1960 年以来外贸第三次出现逆差，也是该国历史上最大逆差。近年科特迪瓦进出口情况见表 2-3。

表 2-3　近年科特迪瓦进出口情况

单位：亿西非法郎

项　目	2018 年	2019 年	2020 年	2021 年	2022 年
出口额	61068	61434	61133	77823	112185
进口额	103320	74509	71678	85137	102080

数据来源：科特迪瓦海关。

2022 年，科特迪瓦进口金额大幅攀升 42%至 112185 亿西非法郎（约 186.98 亿美元），出口增幅 19.6%至 102080 亿西非法郎（约 170.13 亿美元）。进口方面，食品上涨 163.7%至 15103.8 亿西非法郎（约 25.17 亿美元），石油上涨 83.5%至 15005 亿西非法郎（25.01 亿美元），化肥上涨 40.4%至 1585.2 亿西非法郎（约 2.64 亿美元）。

出口方面，可可豆下降 3.2%至 19948.7 亿西非法郎（约 33.25 亿美元）、天然橡胶增加 40.4%至 11591.2 亿西非法郎（约 19.32 亿美元），加工可可增长 18.2%至 10919.7 亿西非法郎（18.2 亿美元），棕榈油增长 70.4%至 3149.5 亿西非法郎（约 5.25 亿美元）。

（二）重点/特色产业发展情况

1. 农业

农业是科特迪瓦经济基础，全国可耕地面积为 802 万公顷，农业从业人口占全国劳动力的49%。可可、腰果、咖啡、棉花和橡胶等初级农产品出口是国民经济主要收入来源。

科特迪瓦是世界第一大可可生产和出口国，占全球供应量的40%。2023年，政府宣布2022年科特迪瓦可可产量达240万吨，较上年220万吨增长5.85%，全年可可产农累计获得收入20380亿西非法郎（约33.9亿美元）。2022年科特迪瓦咖啡产量为9.5万吨，较上年6.2万吨同比增长52.6%，咖啡产农累计获得收入665亿西非法郎（约1.1亿美元）。

科特迪瓦实施棉花产区特许经营政策，为每家棉花企业分配棉花种植专门片区。科特迪瓦成为仅次于马里、贝宁的非洲第三大棉花生产国，产品主要销往中国、孟加拉国和泰国，用于纺织工业生产。

水稻是科特迪瓦主要谷物，近年来科特迪瓦谷物总产量见表2-4。根据美国农业部数据，2022—2023年产季，科特迪瓦精米产量为110万吨，在西非各国中位于尼日利亚、几内亚、马里之后，排名第四，但大米加工能力还比较薄弱。

表2-4　科特迪瓦谷物产量

单位：万吨

年　份	产　量
2018—2019	320.7
2019—2020	319.6
2020—2021	281.6
2021—2022	294.7
2022—2023	306.5

数据来源：西非国家中央银行。

科特迪瓦拥有丰富的森林资源，盛产非洲红木、檀香木、伊罗科、阿佐贝、马科雷、弗腊米雷和阿沃迪雷等珍贵树种。全国有三大森林区，原有森林面积1600万平方公里。林业在科特迪瓦国民经济中占有重要地位，木材一直是科特迪瓦主要出口产品。科特迪瓦是非洲第三大木材出口国。

科特迪瓦有550公里海岸线、15万公顷潟湖和约35万公顷江河湖泊，渔业资源比较丰富。其中，金枪鱼是科特迪瓦第一大出口水产品。科特迪瓦是仅次于日本的世界第二大金枪鱼出口国，年出口量约为27万吨，主要出口至欧盟。

近年来，科特迪瓦的热带水果出口量也有所增加，主要有香蕉、菠萝、木瓜等。

2. 矿产和能源产业

黄金是科特迪瓦最重要的矿产资源之一。根据科特迪瓦海关数据，2018年粗金出口贸易额为4440亿西非法郎（7.35亿美元），截至2022年底，翻了一番达到11910亿西非法郎（19亿美元），5年内上涨了168.1%。该领域的迅猛发展，也巩固了科特迪瓦西非第四大、非洲第九大、世界第22的黄金生产国地位。

除此之外，科特迪瓦铁、镍、铝土、锰、钻石等矿产储量也较大。

科特迪瓦电力资源比较丰富，除满足国内基本需求外，还可出口到利比里亚、加纳、马里、布基纳法索、多哥和贝宁等周边国家，未来还将出口到几内亚和塞拉利昂。科特迪瓦电力设施陈旧老化，其《2021—2025年国家发展规划》计划提升电力基础设施水平，到2025年，发电装机容量实现3428兆瓦，实现50个居民以上地区电力全覆盖和全社会100%电力可得。截至2022年7月，科特迪瓦全国电力覆盖率已由2011年的33%提升至82%。科特迪瓦政府计划到2030年将国家电力产能提升至5000兆瓦，实现全国电力100%覆盖的同时更多向周边国家出口，成为西非地区能源中心。科特迪瓦主要发电站见表2-5。

表 2-5　科特迪瓦主要发电站

序号	电站名称	发电类型	装机容量（MW）	建成时间（年）
1	西普雷发电站	火力发电	455	1985 年
2	阿兹托发电站	火力发电	430	1999 年
3	苏布雷大坝	水力发电	275	2017 年
4	塔博大坝	水力发电	210	1979 年
5	科苏大坝	水力发电	174	1973 年
6	布约大坝	水力发电	165	1980 年

资料来源：科特迪瓦矿业、石油与能源部。

科特迪瓦石油、天然气等资源丰富，能源产业对外开放。科特迪瓦矿业、石油与能源部预计科特迪瓦石油产量到 2027 年将达到 25 万桶/天。

点评：

2023 年 11 月，由意大利埃尼公司同科特迪瓦国家石油公司共同开发的“鲸鱼号”油气田举行投产仪式。该油气田探明储量 25 亿桶石油，3. 3 万亿立方英尺（934. 46 亿立方米）天然气。一期（从 2023 年 8 月开始）石油日产量 1. 8 万桶，二期（从 2024 年 9 月）日产量可达 5 万桶，到 2027 年日产量可达到 15 万桶。

3. **建筑业**

科特迪瓦建筑部门的公共和私人投资集中在基础设施、酒店和住房建设等领域。科特迪瓦严重缺少工业用地，在其致力于转型成为工业国家的背景下，工业园亟待开发。位于阿比让商业中心的建筑大多建于 20 世纪七八十年代，翻新需求较高。

科特迪瓦政府表示，截至2023年7月，科特迪瓦面临60万套住房赤字，以现在52%的城市化率来计算，该赤字将会每年上涨10%。在此情况下，政府紧急出台了社会经济适用房建设计划，目标是截至2025年建设15万套住房。

2023年7月，科特迪瓦获得了来自阿拉伯非洲经济发展银行的450亿西非法郎（约合750万美元）融资用于社会保障房建设项目。该笔融资将用于在阿比让、布瓦凯和亚穆苏克罗的7500套经济适用房项目建设。

2023年10月，西非开发银行表示，将向科特迪瓦政府提供1540亿西非法郎的财政支持，用于实施社会住房建设。

科特迪瓦《2021—2025年国家发展规划》提出基础设施部门的发展计划，包括完善工业用地管理以发展经济区、将北部高速公路延伸到布瓦凯等，并计划于2025年建成9个现代商务基础设施，以实现科特迪瓦目前在此方面零的突破。

（三）重点企业

科特迪瓦的重点企业分布在石油、电力和电信领域。主要有：科特迪瓦炼油公司、非洲海岸不动产与金融公司、科特迪瓦电力公司、ORANGE科特迪瓦分公司、道达尔科特迪瓦分公司、科特迪瓦国家石油公司等。

（四）发展规划

1.《2021—2025年国家发展规划》

自2011年以来，科特迪瓦政府致力于实施结构性改革，制定和实施国家5年期总体发展规划，于2021年12月正式发布了《2021—2025年国家发展规划》（简称PND 2021—2025），主要内容见表2-6。

PND 2021—2025 总体目标是实现科特迪瓦经济和社会转型，创造公平、包容的发展环境，实现 2021—2025 年年均经济增速 7%的目标，到 2030 年使科特迪瓦位列中等收入国家前列。到 2030 年，人均收入实现在 2020 年基础上翻一番，贫困率减少一半，迈入新兴经济体高收入阶层行列。规划投资总成本约 1062 亿美元，主要围绕六大支柱，包括以工业化和集群化实现经济结构转型、促进人力资源开发和就业、促进私营部门发展、加强民族团结和社会行动、促进区域平衡发展、保护环境和应对气候变化等。

表 2-6　PND 2021—2025 主要内容

项　目	主要内容
具体目标	（1）经济增长：GDP 年均增长 7.65%，人均收入从 1736 美元升至 2240 美元； （2）投资：投资占 GDP 比重由 23.1%上升至 27.1%； （3）经济结构：2025 年制造业占 GDP 比重达 15%； （4）消费：家庭消费年均增长 5.9%，公共消费年均增长 4.5%； （5）进出口额：出口额年均增长 6.5%，进口额年均增长 3%； （6）就业：预计创造 400 万个就业机会，就业率达 58.9%。
发展支柱	（1）通过工业化和集群发展加速经济结构转型； （2）发展人力资本和促进就业； （4）加强民族团结和社会包容； （5）关注区域平衡发展、环境保护和有效应对气候变化； （6）加强国家治理、促进国家现代化和文化转型。
优先产业	农业生产、农产品加工、塑料化工业、建筑材料、制药业、纺织工业、汽车及零部件、采矿和能源产业等传统产业，以及数字经济、旅游业、创意产业等战略新兴产业。

资料来源：科特迪瓦 2021—2025 年国家发展计划咨询小组。

2.《国家农业投资计划》

为了促进农业部门发展及现代化，科特迪瓦政府出台了振兴农业部门的《国家农业投资计划》（PNIA）。2012—2017 年实施第一个国家农业投资计划（PNIA 1），实现了农业部门年均 8%的增长。2018—2025 年实施第二个国家农业投资计划（PNIA 2），总体发展目标为打造更具竞争力的农业，创造公平共享的收入。预计投资金额为 12 万亿西非法郎（约合 187.26 万美元）。

PNIA 2 致力于 3 个战略目标：

（1）提升农林牧渔业增加值，包括提高农业部门工业化水平、增强科特迪瓦农产品在区域和国际市场的竞争力，以及促进农业合作社有效运作。

（2）加强环境友好型农林牧渔业生产体系，包括控制和缓解农业对环境的负面影响、加强国家自然资源保护。

（3）关注包容性增长，确保农村发展和人民福祉，包括加强部门政策和投资规划的治理结构，促进私人参与和创业，促进研究、生产和加工活动纵向一体化，促进农业和相关部门横向合作，发挥各地区优势。

点评：

科特迪瓦政府计划中与农业相关的内容还包括：

《2021—2025 年国家发展规划》中，农业部门转型目标包括实现优质大米自给自足、提高水稻种植区机械化率、建立综合农业数据统计系统、发展农业保险等。

就业和经济转型竞争价值链项目致力于提高油棕、橡胶、菠萝、芒果价值链的竞争力，包括支持特定价值链的投资、资助“共同服务”（物流、数字平台、可追溯系统、测试设施、技术中心、包装等），支持农产品价值链下游生产活动（营销、运输和销售）。

[**案例** 2–1]

2023 年 7 月，中企投资并承建的科特迪瓦棕榈油初级加工厂项目在科特迪瓦吉特里省开工建设。该项目总建筑面积约 2.5 万平方米，计划年产能 10 万吨，主要建设内容为钢结构主厂房、配套钢结构仓库、棕榈油加工生产线设备安装、配套设备厂房及设施等。

3.《**国家金融包容性战略**（2019—2024 **年**）》

2019 年，科特迪瓦金融包容性促进机构出台《国家金融包容性战略（2019—2024 年）》。该战略与《西非经济货币联盟普惠金融区域战略》相适应，旨在通过开展供应方和客户都可承担的服务，将贫困阶层纳入经济发展进程，并推动数字金融的发展，实施相关税收规定和政策以促进普惠金融发展。

该战略确定了五大轴心：增加弱势群体获得金融服务的机会、推动数字金融发展、促进客户保护和金融教育、完善相关法规并监督其实施、制定有利于金融包容性的税收和其他相关政策。

如该战略实施顺利，到 2024 年，科特迪瓦普惠金融覆盖率将达 60%，经济发展能够得到更多的存款支持。

四、国家象征和政治制度

（一）国家象征

1. 国旗

科特迪瓦国旗呈长方形，长与宽之比为 3∶2，由 3 条宽度相同竖带组成，从左向右依次为橙色、白色、绿色。橙色代表北部的热带大草原，也象征国家的繁荣富强与人民的爱国精神；白色象征南、北方的和平团结的希望；绿色代表南部地区原始森林中丰富的自然资源。如图 2-3 所示。

图 2-3　科特迪瓦国旗

2. **国徽**

科特迪瓦国徽由一只大象、两棵棕榈树和一个升起的太阳组成。中心图案是绿色盾面上的白色象头，科特迪瓦原国名“象牙海岸”就来源于此。大象曾是领导人民争取独立的象牙海岸民主党的党徽标志。

盾面上的葱翠绿意象征茂密的热带雨林和无边的大草原。盾徽两侧绘有当地的主要经济作物棕榈树，上端太阳升起，预示着科特迪瓦的复兴和发展，并将拥有一个阳光般灿烂辉煌的明天。盾徽下端的饰带上书写着法文国名“科特迪瓦共和国”。如图 2-4 所示。

图 2-4　科特迪瓦国徽

3. 国歌

科特迪瓦的国歌为《阿比让之歌》，歌词大意为：

祝福你啊科特迪瓦，希望之地，好客之家。你那英勇善战军团，恢复了你不朽的声誉。最亲爱的科特迪瓦，我们因你的伟大而自豪，团结一心快乐奋斗，把你建得兴旺发达。

科特迪瓦公民们，听祖国的话，如果我们曾和平地回到自由国家，我们便更有责任，为了实现那博爱理想、和平愿景，把榜样立下。怀揣着新的信念，团结而奋发。国土内，不分彼此，亲如一家。

（二）政治制度

1. 政体

科特迪瓦现行宪法为 2016 年《宪法》，由科特迪瓦全民公投通过。《宪法》维持该国实行的共和总统制，取消了对总统选举人父母国籍的限制，决定设立副总统职位，增设参议院以及传统领袖和国王院，扩大了经济及社会理事会的权力。

总统是国家元首，也是武装部队最高统帅，享有最高行政权力，由普选产生，任期 5 年。总统可以向立法机构提交法案，还可以任命政府首脑与内阁成员，总统在公务员和军队的任命中也有着广泛的权力。总理为政府首脑，由总统任命。

科特迪瓦现任总统为瓦塔拉，任期至2025年。瓦塔拉于2011年5月正式就任，并于2015年、2020年两度连任。

2. **立法机构**

《宪法》规定科特迪瓦议会实行两院制，即国民议会和参议院是国家最高立法机构，每届任期5年。

国民议会共计有255个议员席位，其中169个席位在单一选区采用简单多数方式选出；其余86个席位由36个选区采用总选票制方式选出，这些选区通常拥有2~6席议员席位，赢得该选区的政党或政党联盟可以用自己的提名人填满这些席位。

当前的国民议会于2021年3月选举产生，阿马杜·苏马霍罗为国民议会议长。在255个议席中，执政党统一党占137席，反对派占91席（其中民主党63席，人民阵线2席，其他反对党26席），独立候选人26席，空缺1席。

设置参议院主要是为保证地方政府和海外公民的参与。参议院共有99个席位，其中2/3由间接普选产生，1/3由总统从在政治、行政、经济、科学、文化和体育以及职业和社会等领域中具有名望的人员中选定。2023年11月，卡马拉出任参议长。

3. **司法机构**

科特迪瓦司法机构主要包括初审法院、上诉法院、最高法院和特别最高法庭。各级法院设有相应的检察院或总检察院。最高法院位于阿比让，下设总部、总检察院和总秘书处。

（三）主要党派

科特迪瓦实行多党制，现有150多个合法政党，主要有：

（1）争取民主与和平乌弗埃主义者联盟，简称统一党，为科特迪瓦执政党。其前身是以共和人士联盟为主体的政党联盟。2019 年 1 月，统一党召开首届党代会，正式确认瓦塔拉为党主席。

（2）民主党为反对党，创始人为科特迪瓦首任总统博瓦尼，是科特迪瓦成立最早的政党，在阿肯族为主的中东部地区特别是亚穆苏克罗和布瓦凯影响较大。该党曾于 1960—1999 年底执政，2018 年 9 月退出执政联盟。

（3）人民阵线为主要反对党，1983 年于法国成立，骨干力量为知识分子和青年学生，在克鲁族为主的中西部地区及阿比让影响较大。

其他政党还有科特迪瓦民主爱国联盟、公民民主联盟、社会民主党等。

五、政府机构和行政区划

（一）政府机构

当前政府于 2022 年 4 月 20 日成立，由国务部和其他 32 个政府部门组成。

科特迪瓦主要政府机构及职责如下：

（1）外交部：负责监测和执行科特迪瓦外交政策，对外代表科特迪瓦政府，在国外保护科特迪瓦国民。为国家提供有助于开展双边和多边国际关系的信息，就政治、法律、商业或社会事务进行国际谈判。

（2）经济与财政部：简称财政部，经济主管部门。负责执行政府的经济、财政和税收政策，促进国际经济合作、融资和债务谈判，管理中央财政支出。

（3）预算与国有资产部：简称预算部，确保执行政府在预算、海关、财政事务、公共合同管理和国家投资组合管理方面的政策。

（4）贸易与工业部：简称贸工部，贸易主管部门。职责为起草对外贸易法律文件；指导贸易促进部门的工作，参与国际贸易谈判，参与起草西非国家经济共同体统一贸易法规；制定工业领域政策和法规，参与管理工业用地；设计和实施新的工业发展计划，特别是保税区、出口加工区、工业区等发展规划。

（5）计划与发展部：负责实施和监督政府发展规划，包括土地利用、区域经济发展和中长期经济发展规划等。

（二）行政区划

科特迪瓦行政区划从大到小划分为地区、大区、省 3 级，全国共有 14 个地区（2 个自治地区和 12 个普通地区）、31 个大区、109 个省，每个省由中央政府任命的省长领导。

（三）主要城市

1. 阿比让

阿比让是科特迪瓦经济首都，也是行政中心，至今总统府、政府、议会及各国外交使团仍在阿比让。现有人口 440 万，其中外籍人士约占 1/3。拥有一座大型现代化国际机场。

阿比让是科特迪瓦几乎所有工业和银行设施的所在地，其港口、机场、公路和铁路是通往全国和西非地区的通道。阿比让也是多个国际组织的区域总部或重要机构所在地，设有西非经济货币联盟（简称西非经货联盟）的区域证券交易所，2014 年成为非洲开发银行总部所在地，2016 年欧洲投资银行区域办事处设立，2017 年国际可可组织入驻。

2. 亚穆苏克罗

亚穆苏克罗是已故总统博瓦尼的故乡，人口 21 万。1983 年 3 月 10 日，科特迪瓦国民议会正式通过决议，将首都迁往该市，现该市被称为科特迪瓦政治首都。

亚穆苏克罗街道宽阔，市容整洁。已建成的重要大型建筑有：总统官邸、博瓦尼基金大厦和高等技术学院、市政府、大教堂和大清真寺等。亚穆苏克罗有现代化机场，可起降波音 747 等大型飞机。

3. 布瓦凯

布瓦凯是科特迪瓦第二大城市，人口 54 万。布瓦凯市地处咖啡、可可种植区的中心，是这两种主要农产品的加工和交易场所，这里也有大型纺织厂，纺织业比较发达。该市是科特迪瓦重要的交通枢纽，是科特迪瓦及其北部内陆邻国往来货物的集散地，商业、运输业发达。

4. 戈霍戈

戈霍戈是科特迪瓦北部中心城市，人口 24.5 万，是向北连接马里和布基纳法索的重要中转地，每天大量货运车辆由此进出科、马、布三国。

六、社会组织和公共交通

（一）社会组织

科特迪瓦工会比较活跃，遍及全国各行各业，如公务员工会、交通运输工会、建筑业工会、渔港码头工人工会、卫生系统医生（包括药剂师、兽医、牙医）工会等，在保护劳工权益与雇主谈判方面有较强的能力。

科特迪瓦全国性的工会主要有职工联合大会、工会自治联盟、自由工会联盟、全国职业技术教育培训者工会等。

科特迪瓦所有工会都必须遵守《劳动法（1995）》中有关职工代表和工会代表政令的规定，所有企业的工会活动都由职工代表和工会指定的代表领导。职工代表必须是在超过 10 名员工的企业中通过选举方式产生，任期两年，可连选连任。工会代表保证工会在企业内具有的代表性，可在职工代表被解雇时采取保护措施。

科特迪瓦新版《劳动法（2015）》，进一步强调“工会自由”。

（二）公共交通

科特迪瓦在运输系统上进行了大量的投资，政府和国际伙伴的持续投资有望继续改善道路质量和道路管理以及更广泛的公交服务网络。

2024 年，科特迪瓦阿比让城市交通项目预算为 324 亿西非法郎（约合 5311 万美元）。该笔预算将精细分配，用于该项目下的快速公交项目、阿比让城市公交补贴、手工业交通补贴、项目综合治理等几大方面。其中，将近 200 亿西非法郎（约合 3279 万美元）将用于快速公交项目预付款支付。

1. 公路

科特迪瓦的公路网四通八达，系西非地区公路最发达的国家。截至 2021 年，科特迪瓦公路总长近 8.3 万公里，占整个西非经货联盟道路里程的 45%，其中沥青路 6500 公里（这在西非国家是绝无仅有的）、二级公路 7000 公里；全国有 5850 个货运公司，各种车辆 31.1 万辆，其中货车 1.7 万辆。

全长 1028 公里的阿比让—拉各斯高速公路，计划于 2024 年 1 月进行首批招标。

2023—2025 年，科特迪瓦将投入 3936 亿西非法郎（约合 6.45 亿美元）的预算到第六次道路养护计划。科特迪瓦拥有 7.4 万公里左右的土路，大部分主要用于农产品运输，此次预算将用于这些土路养护。

2. 铁路

阿比让—瓦加杜古铁路科特迪瓦境内段为该国唯一一条铁路，总长 630 公里。

科特迪瓦铁路系统连接该国与布基纳法索和尼日尔的一部分，是将旅客和货物运输到这些内陆国家的关键。2016 年，法国 Sitarail 公司与科特迪瓦和布基纳法索当局续签了 30 年的协议，内容包括轨道的运营、管理、支出和维护。

未来，科特迪瓦铁路系统的发展目标是提高年旅客量和货运量。到 2025 年，计划在更广泛的发展路线图中增加两列新的旅客列车和一部新的机车，使年旅客量从 20 万人次增至 80 万人次，并将货运量从 80 万吨增加到 500 万吨。

3. 航空

科特迪瓦全国有大小机场 28 个，拥有位于阿比让、亚穆苏克罗和布瓦凯的 3 个国际机场，可供大型飞机起降。

阿比让机场是非洲法语国家最大的机场，于 1999 年底完成商业化改造。科特迪瓦经济和财政部数据显示，2022 年科特迪瓦空运货物吞吐量达 3.35 万吨，空运商务旅客人次达到 209.1 万，较 2021 年同比增长 26.9%。

科特迪瓦已开通 30 多条国际、国内航线，有可直达布基纳法索、马里、加纳、贝宁、几内亚、塞内加尔、多哥、尼日利亚、尼日尔、利比里亚、塞拉利昂、喀麦隆、中非共和国、加蓬、刚果（布）和刚果（金）等中西非国家的航班。2018 年 1 月 10 日，科特迪瓦政府与埃塞俄比亚航空公司签订协议，确定由该航空公司负责科特迪瓦至美国直航航线运行，于2018年5月中旬首飞科特迪瓦经济首都阿比让至美国纽约直航航班。2021年6月16日，卡塔尔航空开通阿比让至多哈直航航班。2023年5月，科特迪瓦航空公司开通阿比让至卡萨布兰卡航线。

点评1：

目前，中国与科特迪瓦之间没有直达航班，需经法国巴黎、肯尼亚内罗毕、阿联酋迪拜、埃塞俄比亚的斯亚贝巴或埃及开罗等地中转。

点评2：

2022年10月，法国博洛雷集团位于阿比让货运区附近的航空物流基地项目奠基。该项目建设成本为34亿西非法郎，总面积9000平方米，工期18个月，建成后将成为西非最大的航空物流基地。

4. **海运**

科特迪瓦98%以上的进出口贸易通过海运，阿比让港是非洲的第二大港口，仅次于南非的德班港，也是布基纳法索、马里等西非内陆国家的主要出海口和进出口货物的集散地。阿比让港包括1个贸易港口和1个渔港，其中贸易港口占地面积达37公顷，拥有7个码头和2台起重机；渔港拥有长达1500米的码头，为非洲第一个金枪鱼港口。2021年，阿比让港停靠船舶总量为2331艘，货物吞吐量达2831万吨，集装箱吞吐量为79万个标准集装箱。主要出口货物为锰矿、可可及其制品、橡胶及其制品、腰果和香蕉等，进口货物为建材、大米、化学品等。

圣佩德罗港是科特迪瓦第二大港口，位于科特迪瓦圣佩德罗地区，距离阿比让350公里，为内陆邻国马里、几内亚、利比亚等的货物过境港口。2022年，圣佩德罗港停靠注册船舶总量为391艘，货物吞吐量达624万吨，集装箱吞吐量为24.3万个标准集装箱。主要出口货物为木材、可可、天然橡胶、棕榈制品和棉花等，主要进口货物为水泥、化肥、大米、冷冻鱼、小麦等。

5. 市内交通

阿比让城市公共交通主要以出租车和公交车为主。由于出行车辆较多和道路基础设施得不到及时维护，导致路况较差，交通拥堵日益严重。另外，阿比让在潟湖中开辟了水上交通，湖上有摆渡船只往返于城内的几个码头间。

点评：

科特迪瓦境内陆路的主要交通方式为公路交通。国内驾照不可直接在当地使用，应到当地交通管理部门申请办理当地驾照。申请时，需在当地进行体检并验血。科特迪瓦采用左舵靠右行驶，但红灯时不可向右转弯。转弯车必须让直行车，辅路车必须让主路车。驾车出行时，需随身携带好驾照、行驶证（灰卡）、车辆年检证及车辆保险，切勿超速行驶，随时有警察检查证件。

七、外交关系

1. 对外政策

科特迪瓦奉行独立、主权平等和不干涉内政的外交政策，强调国际合作伙伴多元化。坚持睦邻友好，重视非洲团结与合作，积极参与次地区和非洲经济一体化，呼吁国际社会增加对非援助，减轻非洲债务负担。瓦塔拉政府重点发展同法、美等西方国家关系；同约90个国家建立外交关系；是联合国、世界贸易组织、不结盟运动、伊斯兰合作组织、法语国家组织、非洲联盟、西非国家经济共同体和西非经济货币联盟等组织成员国。

2. 同中国的关系

中国和科特迪瓦于1983年3月2日建交。建交后，两国政府和民间交往逐渐密切，人文交流密切开展，各个领域都有着友好合作关系。现任总统瓦塔拉就任后曾分别于2012年、2018年两次访华，2022年12月，习近平主席同瓦塔拉通电话。2023年3月2日，双方就建交40周年互致贺电。

双方政治上高度互信，在国际事务和涉及彼此重大关切的问题上持支持态度。中国积极支持科特迪瓦建设新兴国家、维护国家安全、提升国际影响力的努力。科特迪瓦坚定奉行一个中国原则，在多个国际场合就涉及台湾、人权、新疆等中国核心利益问题上给予中方有力支持。

目前，中国已成为科特迪瓦第二大贸易伙伴，也是近年来最大融资来源国。2022年，中国与科特迪瓦双边贸易额44.6亿美元，其中，中方出口34.9亿美元。

中国为科特迪瓦诸多关系国计民生的大型基础设施项目提供支持，近年来，实施了包括苏布雷水电站建设、国家电网改扩建、阿比让城市供水、阿比让港改扩建、平安城市等标志性项目。其中苏布雷水电站是当地最大的水电站，该项目不仅大大缓解科特迪瓦国内电力供应紧张局面，还为向周边国家出口电力发挥积极作用，瓦塔拉总统曾授予该电站项目经理“科特迪瓦国家荣誉勋章”。

中国每年为科特迪瓦提供政府奖学金名额，科特迪瓦多所中小学也设立了中文学习俱乐部，越来越多的科特迪瓦青少年开始学习汉语、了解中国文化，为两国民众增进相互了解、深化传统友谊创造了更好条件。

3. **同美国的关系**

1960 年，美国与科特迪瓦建立外交关系。

美国视科特迪瓦为在西非的优先合作对象，近年来，对科特迪瓦投资和援助增加较快。2009 年，美国免除科特迪瓦 1231.4 亿西非法郎债务。2012 年 9 月，美国向科特迪瓦提供总额 64 亿西非法郎援助，用于加强科特迪瓦议会立法机构建设、司法机构的办公楼修缮与设备购置。2011 年 10 月，科特迪瓦成为美国非洲增长和机会法案的适用对象国，美国对进口原产于科特迪瓦的产品给予免关税、免配额的待遇。2014 年 8 月，美国与西非经货联盟签署了贸易和投资框架协议。

2017 年，科特迪瓦获得美国政府对外援助机构千禧年挑战公司 5.25 亿美元的补助金，用以促进科特迪瓦的经济成长以及提升区域稳定与安全。

2023 年 3 月，美国宣布与包括科特迪瓦在内的 5 个非洲国家（其余 4 个分别为贝宁、加纳、几内亚和多哥）合作实施美国预防冲突和促进稳定战略的十年计划。美国政府表示这些计划代表了对全球和平与安全的承诺，美国将与当地伙伴共同朝着预防冲突和建设和平的长期目标努力。

4. **同法国的关系**

法国与科特迪瓦于 1961 年建交，两国之间的政治、经济和文化联系非常紧密。法国曾是科特迪瓦第二大贸易伙伴，科特迪瓦是法国在撒哈拉以南非洲国家第三大贸易伙伴。2021 年，法国对科特迪瓦的出口额为 14 亿欧元，自科特迪瓦进口额为 8.48 亿欧元。

法国是科特迪瓦主要捐助国，2009 年，法国免除科特迪瓦 4.55 亿美元的债务，推迟了 22 亿美元债务偿还期限。2012 年 7 月，两国签署双边免债协议，法国免除科特迪瓦债务37.6亿欧元。2012年12月，两国在阿比让签署了总额4132.5亿西非法郎的首期减债促发展合同，包含5个合作协议，为期20年，涉及教育、培训、卫生、交通、基础设施及农业等领域。2014年7月，法国总统奥朗德访科期间，承诺免除科特迪瓦对法国全部剩余债务。2017年，法国宣布未来3年向科特迪瓦提供20亿欧元资金支持。同年11月，由法国提供融资的阿比让地铁一号线开工。2023年2月，科特迪瓦总理帕特里克·阿奇在访法期间，与法国经济、财政、工业和数字主权部长布鲁诺·勒梅尔讨论了经济合作及地铁和阿比让机场扩建等重大项目。

5. 同非洲其他各国的关系

科特迪瓦重视发展同非洲国家，尤其是同西非地区各国的关系。瓦塔拉上任后，先后访问了西非经货联盟其他所有成员国和西非国家经济共同体大部分成员国，并于2012年2月至2014年3月担任西非国家经济共同体执行主席，于2016年1月担任西非经货联盟轮值主席。科特迪瓦与布基纳法索签有友好合作条约，2012年11月，瓦塔拉总统于瓦加杜古参加首脑会议。科特迪瓦与尼日利亚签有多领域双边协议，两国于2013年成立联合合作委员会。

八、民族和宗教

（一）民族

科特迪瓦全国有69个民族，分为四大族系：阿肯族系约占42%，曼迪族系约占27%，沃尔特族系约占16%，克鲁族系约占15%。近年来，来自布基纳法索、加纳、几内亚、马里和利比里亚等国的外国侨民人口数目增长较快，目前约占人口总数的26%。

（二）宗教

科特迪瓦42.5%的居民信奉伊斯兰教，39.8%信奉基督教，12.6%无宗教信仰，其余信奉原始宗教（拜物教）等。

九、语言和习俗

（一）语言

科特迪瓦官方语言为法语，全国大部分地区通用迪乌拉语（无文字）。

（二）习俗

1. 常见习俗

男性的传统服饰为“布布”，以两幅天蓝或雪白的棉布横拼而成，圆领无袖，长及脚面，身穿“布布”需搭配针织小帽或白布缠头。女性的传统服饰为“帕涅”，花色多样，样式统一为用布齐两腋或在腰间围成。各族部落人民有佩戴饰物的传统，西部居民喜爱骨制饰物，中部和沿海部族居民喜爱玉石、宝石饰物。黄金饰物是科特迪瓦珍贵的饰物代表。

科特迪瓦人饮食因居住地和宗教不同而存在差异。北部地区居民主食是高粱、小米，东部、中部地区的居民以大薯、木薯为主食，西部粮食罕见，但树果、蔬菜丰富，人们用水果当主食。科特迪瓦人以牛羊肉为副食，有食用刺激食品的嗜好，喜欢将烤鱼、鸡、牛肉、虾等与辣椒同食。

在城市地区，居民住宅为现代化的平房建筑；在农村地区，各族居民保留了几个世纪以来单调划一、泥土做墙、结草织叶为顶的传统茅屋棚户。

科特迪瓦人讲究称谓，认为得体的称谓可以给人文明礼貌的印象。同当地朋友会面须事先联系、确定时间地点并准时赴约。人们交谈时，注意聆听对方的言谈，不轻易打断。宴会上，科特迪瓦人一般不劝酒，而是把一瓶酒交给客人，由客人自斟自饮。

2. **禁忌**

不应对街道上的人、物拍照，科特迪瓦人认为在未经允许的情况下拍照是极不礼貌的行为，如想对人、物拍照，需提前征得当事人、物主的同意。

信奉伊斯兰教者禁食猪肉，吃饭用右手抓食。

（三）节假日

科特迪瓦的节假日主要有国家独立日（8 月 7 日）、国庆节（12 月 7 日）；伊斯兰传统节日，如圣纪节（伊斯兰教历 3 月 12 日）、开斋节（伊斯兰教历 10 月 1 日）、古尔邦节（伊斯兰教历 12 月 10 日）；基督教的复活节、圣诞节等传统节日。遇以上节日均放假。

十、货币与物价

（一）货币兑换

科特迪瓦使用非洲金融共同体法郎，也称西非法郎（FCFA）。

2024 年 1 月 4 日，西非法郎汇率：1 元人民币≈83.6 西非法郎，1 欧元≈653.9 西非法郎，1 美元≈598.5 西非法郎。

点评：

2019 年 12 月，法国与科特迪瓦共同宣布，法国与目前使用西非法郎的西非八国将对西非货币采取多项改革措施。

长期以来，西非法郎一直被批评为“殖民主义遗产”，所以此次针对西非法郎进行的“去殖民化”改革格外引人关注，也被外界视为重塑法非关系的重要一步。

此次改革主要涉及三个方面。

一是货币名称变更，将现行西非法郎更名为 Eco（埃科，即西非国家经济共同体 15 国决定于 2027 年发行的统一货币）。在西非国家经济共同体 15 个成员国中，目前有贝宁、布基纳法索、几内亚比绍、科特迪瓦、马里、尼日尔、塞内加尔和多哥 8 个国家使用西非法郎。

二是使用西非法郎的西非八国将不再需要将其外汇储备的 50%存入法兰西银行。在此次改革之前西非八国必须将其外汇储备的 50%存入法兰西银行，以此确保法国法郎与西非法郎之间固定的汇率。法兰西银行是 1945 年在布雷顿森林会议之后成立的，目的是缓解法国前殖民地国家的法郎贬值风险。据法国方面称，此次西非货币改革完成之后，“西非各国将可以根据意愿自由地进行外汇配置”。

三是法国将撤出西非经济货币联盟治理机构。根据法国总统府的解释，“法国将不再任命任何代表参加西非国家中央银行的董事会和货币政策委员会等机构”。此前，西非国家中央银行行长无权对西非法郎币值作出调整，在决策程序中起决定性作用的是法国派驻代表。法国总统府表示，法国将继续为西非八国进行担保，如果西非国家中央银行面临无法履行外汇承诺的困境时，它将能够从法国获得担保和支持。

（二）消费水平

科特迪瓦超市出售的物品主要靠进口，物价普遍较高。大宗贸易多采用支票、银行转账，日常生活消费可使用现金或信用卡（在正规商场、超市当地可使用维萨或万事达卡）。

点评：

2022 年 11 月，科特迪瓦贸工部、财政部、预算部联合颁布法令，对大米、糖、番茄酱、牛奶、意大利面、精炼棕榈油、牛肉 7 类食品设置价格上限，以减少通胀为民众带来的生活压力。

相对于人均收入，科特迪瓦的消费水平偏高。

十一、金融服务

根据 2023 年《非洲金融市场指数》报告，由于外汇储备下降拉低了评分，2022 年和 2023 年科特迪瓦金融市场发展综合水平在 28 个参评的非洲国家中分别排第 18 位和第 21 位，排名相对靠后。

（一）外汇管理

1. 现行条例

科特迪瓦外汇管理法规是西非经货联盟 2010 年通过的 R09/2010/CM/WAEMU 外汇条例，外汇主管部门是外部金融分理会，由财政和公共账户总局管辖，隶属科特迪瓦经济与财政部。

2. 外汇管制

西非经货联盟内部企业或自然人之间的所有投资、借款等资本流动不受限制，科特迪瓦与西非经货联盟以外国家的资金转移受到管制，受西非经货联盟共同的外汇条例约束。外汇条例规定了联盟国家对外可自由进行经常性支付，支付由西非国家中央银行授权的中介机构执行，超过一定金额需履行报告义务（见表 2-7）。

特殊情况下的经常性支付需得到外部金融分理会的授权，包括涉及易腐货物的进口、二手货物、三角贸易、进口预付款、不以外币支付的出口。科特迪瓦对外汇交易和资本转移进行管制，大多数业务需要外部金融分理会授权（如表 2-8 所示）。外国直接投资无须授权，仅需向外部金融分理会报告。

外资企业在科特迪瓦境内不允许开设外汇账户；外汇汇出时需出具有关贸易单据，经科特迪瓦经济与财政部审核方可汇出。汇出外汇时需缴纳约 5%的手续费，但不需交税。

表 2-7 科特迪瓦经常性支付外汇管理规定

金　额	规　定
50 万西非法郎以内	无须提供证明文件，转账由授权的银行进行。
50 万西非法郎以上	转账申请人与授权的银行共同提供外汇授权申请文件，包括填写授权申请表（4 份）和转账证明材料。授权申请表分别提交授权的银行、经济与财政部、西非国家中央银行，剩余 1 份由申请人保留。

资料来源：科特迪瓦财政和公共账户总局《外部财务指南》。

表 2-8　科特迪瓦受管制的资本转移

类型	具体交易	主管部门	需要材料
要素收入交易	支付工资或费用	授权银行负责	经雇主认证的工资单或服务发票的副本
	股息转移或支付	需外部金融分理会事先批准	·经认证的资产负债表 ·作出利润分配决定的股东大会会议记录 ·董事会报告 ·证券所得税缴纳证明
单方转移	家庭汇款	授权的银行负责	·汇款人申请 ·支出证明 ·受益人的居留证明或居住证
	为在本国外派人员账户提供资金		·汇款人申请 ·证明外国国籍的身份文件或护照 ·资金来源证明
金融业务	贷款偿付	银行可委托外部金融分理会进行外汇交易的事先授权	·经济与财政部关于接受贷款公司对外借款申报的函件 ·证明资金进入当地银行的通知 ·贷款声明 ·还款报告 ·贷款摊销时间表
	在科特迪瓦外国投资全部或部分清算后收益转移	银行可委托外部金融分理会进行外汇交易的事先授权	·外商投资申报函 ·经济与财政部关于外商投资申报函件 ·外商投资清算证明文件 ·外商投资全部或部分清算报告

资料来源：科特迪瓦财政和公共账户总局《外部财务指南》。

3. 携带现金出入境

非居民旅客（西非经货联盟国家以外国籍）入境可携带 100 万西非法郎及以下等值现金，超过这一限值则需将现金转换为旅行支票等其他支付形式带出或出示入境科特迪瓦时的外币现金申报单据。出入境携带超量外币且未申报者，一旦被查出则有可能被海关没收。

非居民旅客离开关税区时，如果前往西非经货联盟国家，可以携带最多 50 万西非法郎或等值货币；前往西非经货联盟以外国家，不能携带西非法郎，最多可携带 50 万西非法郎等值外币，超过这一数额，旅客需提供入境时的货币申报证明或科特迪瓦海关总署签发的许可，或兑换旅行支票等。如果旅客在科特迪瓦停留时间超过 8 天，还需出示经授权中介机构（银行）出具保存的入境时申报资金的收据。

（二）银行与保险

1. 银行

科特迪瓦的银行体系主要由中央银行、商业银行和小额信贷机构组成。截至 2021 年 12 月，科特迪瓦银行业资产负债表总额为 18.06 万亿西非法郎，同比增长 13%，其中，银行间资产总额为 2.84 万亿西非法郎（同比增长 45%）、客户市场为 9.48 万亿西非法郎（同比增长 10%）、证券市场为 5.23 万亿西非法郎（同比增长 8.4%）。

（1）中央银行。西非国家中央银行于 1962 年 5 月 12 日成立，总部位于塞内加尔的达喀尔，是 8 个西非经济货币联盟成员国的共同货币发行机构，负责制定成员国货币政策、银行和金融机构相关法规。

（2）商业银行。科特迪瓦银行业构成以外资银行为主，仅有 3 家本土银行。2021 年，市场份额位列科特迪瓦银行业前 5 名的商业银行分别是科特迪瓦兴业银行（17%）、大西洋银行（10%）、Ecobank 银行（9%）、NSIA 银行（9%）、SIB 银行（7%），均为外资商业银行，总资产约为 9.4 万亿西非法郎，占科特迪瓦银行业总资产的比重达 52%。主要本土商业银行和外资商业银行见表 2-9、2-10。截至 2023 年 3 月，科特迪瓦共有 29 家银行、3 家金融机构。

表 2-9　科特迪瓦主要本土商业银行

银行名称	简　介	联系方式
国家投资银行（BNI）	国家投资银行于 1959 年成立，原为 Caisse Autonome d'Amortissement（CAA），为政府的存款机构并提供国家发展资金。于 2004 年更名为 Banque Nationale d'Investissement（BNI），股本增加至 205 亿西非法郎，经营范围涵盖投资银行业务、咨询和资产管理。	网址：https：//www. bni. ci 电话：+225-27-20209800
瓦尔西斯银行（VERSUS）	瓦尔西斯银行于 2003 年成立，资本总额为 30 亿西非法郎，科特迪瓦政府持有 52.89%股份。	网址：https：//versusbank. ci 电话：+225-27-20256060 +225-27-20256090
科特迪瓦住房银行（BHCI）	1993 年由科特迪瓦政府投资设立，专门从事房地产融资业务。2017 年实现私有化，2019 年再次由政府控股。	网址：https：//www. bhci. ci 电话：+225-27-20319090

资料来源：中国国际贸易促进委员会。

表 2-10　科特迪瓦主要外资商业银行

银行名称	简　介	联系方式
科特迪瓦兴业银行（SGCI）	1941 年法国兴业银行于阿比让设立 Société Générale de Banques en Côte d'Ivoire（SGBCI），于 2019 年更名为 Société Générale Côte d'Ivoire（SGCI），旨在成为西非经货联盟业务中心。	网址：https：//societegenerale. ci 电话：+225-27-20201010
大西洋银行（BACI）	大西洋银行集团是西非经货联盟地区第三大银行集团。大西洋银行科特迪瓦分行自 1978 年设立，已开设 72 家分支机构。	网址：https：//www. banqueatlantique. net 电话：+225-27-20315950
Ecobank 银行	Ecobank 银行集团为西非地区商业银行，科特迪瓦分行于 1989 年设立，注册资本为 219 亿西非法郎，拥有 52 家分行和 151 台自动取款机。	网址：https：//ecobank. com 电话：+225-27-21210021
NSIA 银行	NSIA 银行控股股东为 NSIA 集团，科特迪瓦政府参股，为区域证券交易所上市公司，拥有 71 家分行和 111 台自动取款机。	网址：https：//www. nsiabanque. ci 电话：+225-27-80200800
SIB 银行	SIB 银行为 Attijariwafa 银行集团的子公司，于 1962 年成立于科特迪瓦，业务涉及零售市场、中间市场及资本市场，2016 年于区域证券交易所上市。	网址：http：//www. sib. ci 电话：+225-27-20200000

资料来源：中国国际贸易促进委员会。

（3）中资银行。科特迪瓦目前没有注册的中资银行。但由中国工商银行作为第一大股东的南非标准银行已落户科特迪瓦。

2. 保险

科特迪瓦保险业活动受非洲保险市场会议成员国保险法——《CIMA 法典》（简称 CIMA）管辖，经济与财政部下设保险局负责市场监督。

截至 2022 年，科特迪瓦共有人寿保险、财产保险、再保险和社保基金各类保险机构 42 家，其中包括财产保险公司 21 家，人寿保险公司 12 家，再保险公司 7 家，另外还包括 1 家国家社会保险基金和 1 家汽车担保基金。42 家保险机构均位于阿比让。保险经纪人和经纪公司共 334 个，具有职业资格的保险总代理人 37 人。

科特迪瓦保险业务主要分为非寿险和寿险两大类。2022 年，科特迪瓦保险市场的营业额（总承保保费）大幅增长 13.9%，达到 5280 亿西非法郎（8.04 亿欧元）。2021 年为 4640 亿西非法郎（7.06 亿欧元），增长率为 6.5%。这一强劲表现主要得益于非寿险业务，收入增长 18%，达到 3050 亿西非法郎（4.64 亿欧元），而 2021 年为 2580 亿西非法郎（3.93 亿欧元）。

非寿险业务由科特迪瓦约 20 家公司组成，主要由汽车业务部门提供支持，占总承保保费的 30%，其次是健康业务部门（占总承保保费的 29%）以及财产和意外险业务，占总承保保费的 19%。

（三）信用卡

科特迪瓦可使用维萨卡、万事达卡和银联卡，但如果取现金需付较高的手续费。

（四）融资

1. 科特迪瓦的利率水平和商业融资成本

科特迪瓦当地商业银行基础贷款利率水平约为9.5%，实际贷款利率为12%~14%，融资成本较高。外国企业可以在当地银行获得融资。融资条件较严，需综合考虑公司经营和财务情况、项目情况和抵押情况等。

2. 企业在当地投资的主要融资渠道

科特迪瓦为不同生命周期、不同类型企业提供多种融资方式。

（1）孵化器。孵化器为初创企业提供补贴和股权融资，通常融资金额为1000万西非法郎（约合1.5万欧元）。科特迪瓦现有30多个孵化器，均位于阿比让，包括Entrafrica、科特迪瓦企业联合会（CGECI）、Inovis及Seedspace，其中科特迪瓦企业联合会每年举办商业竞争计划（BPC），旨在促进科特迪瓦青年企业家创新创业并提供培训和辅导。

（2）基金。科特迪瓦本地、非洲及国际基金通过比赛为初创企业提供资金，包括BJKD基金会、TonyElumelu基金会，通常提供低于3000万西非法郎的补贴（约合4.6万欧元）。

（3）公共和半公共资本。融资工具包括补贴、股权和债权融资，提供低于500万西非法郎的资金（约合7700欧元），资金来自政府、开发银行、多元援助组织、信贷担保机构、开发融资机构等。其中，瓦塔拉六月创业奖为青年企业家提供资金支持，项目由阿比让地区的孵化器、欧洲投资银行和非洲开发银行监督指导。

（4）银行信贷。科特迪瓦本地银行通常提供短期和中期贷款，贷款期限通常为24个月到2年、5年不等，很少超过7年，融资金额最高可达 9.8 亿西非法郎（约合 150 万欧元）。企业申请银行贷款需满足一定财务条件，并提供抵押品或担保。银行贷款利率较高，以科特迪瓦兴业银行为例，企业中长期贷款利率为 10.75%，较适合大型企业和成熟企业。

（5）资本市场。在科特迪瓦，公司可以在区域股票市场发行股票和债券进行融资。2017 年，区域股票市场推出了针对中小企业的融资计划，为企业提供长期资本，企业需遵循完整的 IPO（首次公开募股）程序，提供上市交易文件、定期和持续发布信息以履行对公众投资者的信息披露义务。

其他融资方式还有融资租赁、去中心化金融系统。其中，去中心化金融系统为无法满足银行贷款要求的企业和个人提供小额信贷，提供信贷金额低于 3 亿西非法郎（约合 45.7 万欧元），贷款条件因采用结构和贷款金额不同而有差异，但利率通常高于传统银行产品。

点评：

除了在科特迪瓦融资外，“走出去”企业还可以通过如下途径开展融资。

1. 在中国境内融资

中国企业在境内融资方式分为债务融资和权益融资两大类，其中，债务融资分为信贷融资和债券融资，权益融资（股权融资）分为普通股融资、优先股融资及股权互换融资。此外，跨境并购项目中，境内直贷和内保外贷也是企业境内融资的主要方式。

2. 在国际市场融资

企业在国际市场融资，可多关注权威国际金融机构提供的融资支持，同时用好在国际资本市场发行债券、上市等融资方式。

亚洲基础设施投资银行、欧洲复兴开发银行、国际金融公司等国际多边金融机构，在其业务涵盖的地区和领域往往具有明显优势和先进经验。对于符合其融资条件的项目和企业，这些机构以贷款、股权投资等方式提供融资支持，具有融资期限较长、利率相对较低、性价比较高的特点。

境外发债逐渐成为中资企业重要融资方式之一，其优点在于境外债券在产品结构上有足够的空间利用利率、汇率等方法降低融资成本。中国企业发行较多的是中资美元债。

境外上市具有门槛低、筹备上市时间短、条件明确、易于操作等特点。企业可以根据自身情况，选择在境外上市，充分利用境外资本市场，筹集企业发展所需资金，不断提高企业的国际竞争力。就上市地点而言，企业还需根据自身发展战略和市场定位以及不同证券交易所的上市要求和比较优势进行准确评估，选择适合的上市地点。

3. “一带一路”多双边合作基金

为推进“一带一路”建设、企业“走出去”和国际产能合作，中国发起设立了多支多双边合作基金，如丝路基金、中国-东盟投资合作基金、中国-中东欧投资合作基金、中国-欧亚经济合作基金、中非发展基金、中非产能合作基金、中拉合作基金等。

多双边合作基金主要以股权类投资为主，可在不增加企业债务负担的情况下，为项目建设提供长期、可靠的资金支持，契合大型项目建设周期长、资金需求量大的特点，是对信贷融资、债券融资等融资方式的有益补充。中国企业可根据项目特点及所在地区，多与对应的多双边合作基金进行对接，获得融资支持。

十二、通信与电力

（一）邮政

科特迪瓦邮政公司是科特迪瓦专门从事邮政业务的机构。

科特迪瓦于 1862 年设立第一所邮局，2013 年全面开放邮政市场，对国外邮政快递业持开放态度，积极寻求合作，促进行业发展。

2021 年，第 27 届万国邮联代表大会在科特迪瓦阿比让开幕。会上，阿比让提出了“2030 邮政愿景”，制定了万国邮联 2021—2025 年工作路线图，将促进社会经济发展和助力实现联合国可持续发展目标作为总体目标。

（二）通信

科特迪瓦国家代码为 00225。向科特迪瓦拨打电话的方式为 00225（国家代码）+当地电话号码（10 位数字）。科特迪瓦固定及移动通信覆盖了大部分城市，通话费用约为 1.3 元人民币/分钟，城市中无投币或磁卡电话。科特迪瓦主要城市均能连接互联网，费用约为 240 元人民币/月（100M/s）。

科特迪瓦目前有 3 家移动运营商：法国 Orange、南非 MTN 和摩洛哥 Moov。其中 Orange 和 MTN 同时提供固定电话服务。手机网络制式为 GSM，与中国手机制式相同，有 4G 上网服务。

截至 2023 年 6 月，科特迪瓦全域 4G 覆盖率仅为 35%，3G 覆盖率为 65%，2G 覆盖率约为 80%。

科特迪瓦已于 2022 年通过了 2023 年建设 5G 技术实施路线图的提案，旨在为 5G 基础设施建设创造有利环境，激发 5G 数字生态系统活力，促进数字化转型。

（三）媒体

1. 通讯社

科特迪瓦通讯社于1961年6月2日成立。在全国各地设10个分社和6个省级记者站，同法新社、路透社及泛非国家通讯社有业务联系。

2. 广播电视

科特迪瓦国家广播电台为国家电台，分一台和二台，用法语、英语和当地语言广播。“希望电台”为私营的天主教电台，1991年3月开播。

科特迪瓦电视台为官方电视台，主要频道是RTI 1和RTI 2。RTI 1于1963年8月开播，RTI 2原为RTI 1的第二套彩色节目，1973年8月开播，1991年11月正式独立成台。2011年战后，RTI 2作为科特迪瓦了解世界的窗口，大部分时间播放外国文艺和综艺类节目。

3. 报纸媒体

科特迪瓦全国有报刊20余种，主要报纸有《博爱晨报》（发行量约3万份）、《科特迪瓦晚报》（发行量约2万份）、《我们的道路》、《爱国者》、《民主党人》、《今日报》、《阵线》和《24小时》等日报。

4. 网络媒体

综合门户网站“阿比让网”（Abidjan. net）是科特迪瓦影响力较强的纯网络媒体，每日发布或转载大量新闻资讯，并提供各类生活、商业、娱乐等服务信息，内容丰富。此外，科特迪瓦国家电视台RTI官网、国家通讯社AIP官网、《博爱晨报》官网FratMat以及《国际报》《信息晚报》的官网Linfodrome也是影响较大的新闻网站。

点评：

科特迪瓦新闻出版业比较发达，媒体界受西方尤其是法国媒体影响较深。中科两国合作关系良好，当地主流媒体对涉华新闻报道基本秉持中立原则，相关报道较客观，肯定中国经济高速发展经验，赞扬双边经贸合作项目。

（四）电力

科特迪瓦电力资源比较丰富，除满足国内基本需求外，还可出口到利比里亚、加纳、马里、布基纳法索、多哥和贝宁等周边国家，未来还将出口到几内亚和塞拉利昂，但科特迪瓦电力设施陈旧老化。科政府计划到 2030 年将国家电力产能提升至 5000MW，实现全国电力100%覆盖的同时更多向周边国家出口，成为西非地区能源中心。

2023 年 7 月，科特迪瓦境内第一座并网的生物质电站举行奠基仪式，该电站也将是西非区域内最大的生物质电站。该项目由法国电力集团、法国 Meridiam 集团和科特迪瓦 SIFCA 农工业集团共同投资，中国能建承建。该电站主要以棕榈油生产过程中的棕榈树叶柄等废弃物为燃料，预计 2025 年竣工发电，建成后每年可为科特迪瓦带来 3.48 亿千瓦·时的清洁电能，解决将近 170 万人口的用电问题。

科特迪瓦已在计划研究其他地区同类型项目，如位于迪沃以可可废料为燃料的 73.6MW 生物质电站、位于邦贾利以棉花秸秆为燃料的 25MW 生物质电站、位于加农阿以可可废料为燃料的 20MW 生物质电站。现阶段计划共有清洁能源项目 24 个，包含水力发电、太阳能发电、生物质发电项目等，总计发电量 1535MW，在 2030 年之前都将投入使用。科特迪瓦 2030 年愿景目标是在能源领域实现 45%的清洁能源使用率，减少二氧化碳排放。

十三、医疗与安全

（一）医疗

1. 医疗概况

科特迪瓦卫生机构分为 3 个层级：第一级为初级保健机构，如农村或社区卫生机构；第二级的医院中包括公立医院、教会医院和地区医院中心；第三级是具有科研能力的公共卫生机构，包括大学医院中心、阿比让心脏研究所、科特迪瓦拉乌尔·福勒罗研究所、国家公共卫生研究所、国家输血中心、国家公共卫生实验室、国家公共卫生研究所、国家肿瘤和放射治疗中心、紧急医疗援助服务和国家肾功能衰竭预防和治疗中心等。

2022 年，科特迪瓦政府在卫生领域加大了投入，一是加强医疗卫生机构建设，整修 242 个基层卫生所，在阿博阿索、阿德佐佩、圣佩德罗等地兴建地区医疗中心，在达纳内等地兴建综合医院。二是继续实施医疗改革，赋予医院在运营方面更多灵活性。2023 年，科特迪瓦政府继续增加医疗供给，建设布瓦凯心脏病学研究院，兴建科科迪妇幼医院，整修优布贡大学医疗中心等，并持续推广全民医疗服务。

科特迪瓦卫生部国家研究所承担全国卫生防疫工作，内设国际疫苗接种中心，常见接种疫苗为霍乱、黄热病、脑炎以及乙肝疫苗等。

点评 1：

科特迪瓦大中城市医疗条件一般，小城镇、乡村医疗条件很差，缺医少药。国立医院收费低廉，但就诊人数众多。私立医院收费较贵。

科特迪瓦常见疾病有疟疾、伤寒、肝炎、脑炎、艾滋病，局部间或出现黄热病和霍乱。自2014年西非暴发埃博拉疫情后，科特迪瓦曾于2021年出现零星感染埃博拉病例。

建议在科常驻人员一旦身体感到不适立即休息；若发烧，请及时就医，不可大意。

点评2：

科特迪瓦国家人权委员会2022年报告显示，科特迪瓦政府对私营医疗机构的总体环境进行调查并绘制地图，全国1464家机构中，343家合法存在，99家持有临时许可证，1022家没有许可文件，为非法经营。2023年12月6日，政府宣布关闭这1022家没有许可证而非法经营的私营医疗机构。

2. 医疗保险

科特迪瓦现运行的全民疾病保险在经过试运行后于2020年正式推出，提供包括疾病、事故、孕产、功能康复、预防保健等医疗服务，旨在保证全民能够以低廉的价格享受优质的医疗服务。该保险系强制性基础保险，由国家疾病保险局主管，包含两套参与体系：一是基本参与体系，每人每月通过工资直接扣除、电子支付或在指定银行转账等形式，缴纳1000西非法郎（约合1.53欧元）的费用；二是针对贫困人口设立的医疗救助体系，无须缴纳保险费用。目前，受益人在公立或官方认可的私立医疗机构及药店就医或买药时，门诊费、手术费和药费等费用免除70%。全民疾病保险外的其他疾病险均称为补充保险，科特迪瓦政府规定，保险公司应要求其疾病险投保客户必须参与全民疾病保险，否则其补充疾病险将被暂停。

外国人申请全民疾病保险需满足3个条件：在科特迪瓦连续居住1

年以上、遵守科特迪瓦关于外国人居留的法规、从事专业活动并依法纳税。科特迪瓦有多家保险公司提供商业人身保险，在科特迪瓦工作的外国人可选择自行购买商业医疗保险。科特迪瓦商业医疗保险通常以家庭为单位投保，年保费约30万西非法郎（约合4800元人民币），一般普通百姓较难承受。

3. **就医与买药**

加入科特迪瓦全民疾病保险的外国人须在注册2个月后申报转诊医疗中心，转诊医疗中心为一级村居或社区卫生机构。如果疾病无法在一级卫生机构治疗，医生会将被保险人推荐至全民疾病保险网络的二级或三级卫生机构。就医费用和可选择的医院见表2-11、表2-12。

表2-11 科特迪瓦不同级别卫生机构就医费用

服务类型	卫生机构级别		
	一级	二级	三级
全科医生诊疗	100~500西非法郎	1000~1500西非法郎	—
专家诊疗	500西非法郎	2000~25000西非法郎	5000西非法郎
住院治疗	500西非法郎	住院10天费用5000~10000西非法郎	每日住院费用5000~7500西非法郎

资料来源：欧洲和国际社会保障联络中心。

如未加入科特迪瓦全民疾病保险，可自行选择医疗机构就医。

表 2-12 阿比让地区可选择的主要医院

医院名称	联系方式
SAMU-CI（急救中心）	+225-27-22445353/22443445
CHU de Cocody（公立医院）	+225-27-22481000
Polyclinique Avicennes（私立医院）	+225-27-21211300/05077000
PISAM（私立医院）	+225-27-22483131/22483112

资料来源：中国领事服务网。

根据科特迪瓦药品监管局统计信息，阿比让地区药房较为集中。药品监管局官网上可找到科特迪瓦各地区药房的详细地址和联系方式，网址为：https：//www. airp. ci。

（二）安全

1. 治安

瓦塔拉政府执政以来，安全局势总体稳定，但偷盗、拦路抢劫、入户抢劫等治安问题较为严重。近年来，持枪抢劫、飞车抢夺事件时有发生，需保持警惕，加强自身安全防护措施，不可麻痹大意。

科特迪瓦仍然存在恐袭等安全风险，尤其是西部、北部与马里、布基纳法索、利比里亚等国交界地区，非传统安全形势愈加严峻，常有武装袭击事件。几内亚湾近年来海盗劫持渔船事件也时有发生，在科特迪瓦海域作业的中资渔业企业亦曾遭遇类似事件，须充分做好安全风险评估和应急预案。

2. 自然灾害

科特迪瓦中南部属热带雨林气候，闷热潮湿。北部属热带草原和沙漠带气候，较干燥炎热。台风、地震等其他自然灾害较为少见。

科特迪瓦每年 4 月至 7 月中旬为大雨季，经常会带来大规模降水。

2023 年 4 月至 7 月，科特迪瓦多地持续强降雨，民众溺亡和房屋倒塌等事故频发。

3. 卫生安全

科特迪瓦食品安全状况整体尚可，正规餐厅所售食品可放心食用，但路边所售食品缺乏卫生检疫，不建议购买。市政供水建议煮沸后饮用，市内有矿泉水出售。

Chapter 3

第三章

前往科特迪瓦手续办理及相关须知

一、签证

入境科特迪瓦的外国人须持有效的国家护照、通行证或旅行证件，以及科特迪瓦主管当局签发的入境签证。

《中华人民共和国政府和科特迪瓦共和国政府关于互免持外交、公务护照人员签证的协定》于2015年12月19日生效。协定规定，中华人民共和国持有效的中华人民共和国外交、公务护照的公民和科特迪瓦共和国持有效的科特迪瓦共和国外交、公务护照的公民，在缔约另一方入境、出境或者过境，停留不超过30天，免办签证。

中国非科特迪瓦免签国，中国公民须持有效护照或旅行证件于科特迪瓦驻外外交和领事代表处获得入境签证，经科特迪瓦前往第三国须办理过境签证。申办签证时，护照的有效期须至少比预定在科停留期限多6个月。

（一）签证类型

科特迪瓦应用生物识别入境签证，通过指纹和面部信息识别入境外国人信息。生物识别签证按护照类型分为普通签证和公务签证两大类，按签证有效期分为过境签证（停留不超过3天）、短期居留签证（停留不超过3个月）、长期居留签证（停留不得超过1年），按照申请原因分为商务签证、学习签证、旅游和休闲签证、卫生和社会事务签证。

（二）签证申请

1. 纸质签证办理

中国公民可于科特迪瓦驻华大使馆办理签证，首先登录网页：

http://snedai.com（法语、英语版），选择在使馆获取签证栏目，下载签证申请表并支付签证费（58 欧元，不含银行手续费），获取收据；并将护照原件和前 3 页复印件、照片（1 张，4.5cm×3.5cm）、出生证明原件与复印件、学历证明或学生证复印件、住宿与机票订单、疫苗接种或预防措施国际证书（俗称黄皮书）原件和复印件、邀请信、填写并签字的签证申请表、支付收据、预约证明，以及根据所需办理的签证种类准备的相关材料，到使馆办理签证。如果邀请方是在科特迪瓦的企业，包括中资企业，除邀请信外，还需要该企业出具交税证明，并附认证邀请信。具体需要的资料如表 3-1 所示。

表 3-1　办理科特迪瓦不同类型签证需提供的材料

类　型	所需材料
商务签证	邀请函、酒店预订信息、商务证明、财产证明
旅游和休闲签证	商务证明、负担住宿费用财产证明
学习签证	学籍证明或学生证复印件、住宿证明、健康保险
卫生和社会事务签证	邀请函、酒店预订信息、医疗机构证明

资料来源：科特迪瓦外交部。

2. 电子签证办理

申请者持有效期 6 个月以上的护照可申请电子签证，但须根据申请签证类型提供文件，所需文件与线下签证办理相同。

（1）预注册：申请人登录 www.snedai.com，选择 E-Visa（电子签证）栏目，在线填写一份包含个人身份、旅行信息和当地联系人信息的表格，并上传要求的文件，选择申请签证的有效期，可选择的类型为 3 个月或 1 年。

（2）付款：预注册后，申请人需支付签证费用，3 个月期签证费用70欧元，1年期签证费用130欧元（不包含手续费和税费）。网上付款后，申请人将收到一封电子邮件，附件为《完成登记证明》（附个人唯一付款证书代码）。

（3）收到确认文件：申请获得批准后，申请人将在48小时内通过电子邮件收到《机场办签证许可》（附条形码），其中包括签证申请人所有文本信息、有关添加生物特征数据程序的信息（位置、开放时间、所需文件等）；若未获批准，申请人将收到《拒发签证通知》。

（4）在机场获得签证：申请人凭《完成登记证明》《机场办签证许可》两份文件办理登机手续，抵达科特迪瓦机场后前往“机场签证区”打印签证，该区域24小时提供服务，工作人员办理验证文件、采集生物特征等手续后打印粘贴签证，申请人可立即取得签证。

具体事宜可咨询科特迪瓦驻华使馆，以使馆要求为准。

点评：

科特迪瓦驻华大使馆

地址：北京市朝阳区三里屯北小街9号

电话：+86-10-65321482，65323572（总机），65321223（大使秘书）

传真：+86-10-65322407

邮箱：consulat@ ambaci-ch. org

网址：https：//www. chine. diplomatie. gouv. ci

办公时间：周一至周五上午9时至12时，下午3时至5时

二、居留

1. 居留许可

根据《外国人在科特迪瓦入境和居留法令（1990）》《科特迪瓦境内人员身份识别和外国人居留法令（2002）》，任何 16 岁以上的外国人进入科特迪瓦领土 3 个月后，必须持本人护照和有效签证于科特迪瓦国家公民身份鉴定办公室获得居住证，居住证有效期为 1 年，5 年内可续签。

需按签证有效期在科特迪瓦停留。如需签证延期，应持本人护照及有效签证到科特迪瓦移民局办理。如需办理 5 年期长期居留，应持护照、有效签证、工作证明、无犯罪证明以及出生证明或过去办理的 1 年期居留证，在网上（www. carte-resident. ci）预约办理，还要到居住地警察局办理暂居证。

持有居住证的外国人的配偶和 21 岁以下的未成年子女，可以家庭团聚为由在科特迪瓦居留。获得居住证的外国人可以申请居民卡，申请居民卡需要提供以下材料：护照复印件、签证和入境章的复印件、6 个月以内的居住证、司法记录、付款收据。按照申请人的类型，还需提供：工作证明（工人）、宗教生活证明（宗教人士）、本年度的在校证明或学校卡或学生证（学生）、配偶的有效居留卡或临时居留许可以及配偶的工作证明或商业登记证（随配偶入境）、专业能力证书或任何其他替代文件。

2. 工作居留相关规定

外国人在科特迪瓦工作还需向科特迪瓦就业调研与促进所申请工作许可，科特迪瓦投资促进中心可协助申请。申请材料包括本人求职申请、工作简历、居住证复印件、本人照片 2 张。

3. **入籍**

外国公民如欲申请科特迪瓦国籍，需首先向阿比让高级法院申请。法院将根据具体情况提出相关的资格审查要求，如入籍动机、无犯罪记录证明等。法院会把通过初步审查的材料转交给科特迪瓦司法部部长并由其再次复查。通过复查的材料将被移交给总统，并由其签字批准入籍申请。

与科籍公民结婚的外国公民及其在科特迪瓦所生子女可申请获得科特迪瓦国籍。

三、出入境相关规定

1. **防疫规定**

入境时需出示《疫苗接种或预防措施国际证书》（俗称黄皮书）。科特迪瓦卫生部严格要求赴科人员提前接种黄热病疫苗，并于注射后 10 天方可入境，未持有黄热病疫苗注射证书的人员将在机场被卫生部官员要求现场注射，否则不予入境。

2. **违禁品规定**

科特迪瓦规定，入境时严禁携带国际上规定的违禁物品，如毒品、武器等。出入机场时，携带行李需接受海关检查，一旦发现违禁物品将被予以没收和处以罚款。出境时如欲携带当地的木雕等工艺品，需事先到科特迪瓦国家博物馆申请出口许可，否则机场海关将不予放行。

四、科特迪瓦紧急求助联系方式

中资企业及公民在科特迪瓦如遇突发状况，或遇有语言不通等特殊情况，应尽快通过各种联系方式与中国使馆领事部门取得联系，告知所遇困难及地理信息，以便尽快解决。

在中资企业间、华人内部发生的纠纷，应尽量内部协商解决，避免矛盾扩大，如需通过法律途径解决纠纷，可通过国内有关单位进行。

如遇恐怖袭击、绑架、抢劫等恶性治安事件，请及时报警，并与中国驻科特迪瓦大使馆和工作单位取得联系。

中国驻科特迪瓦大使馆依法维护我国公民合法权益不受侵害，对于违反当地法律法规的中国公民将提供法律咨询，最大限度提供必要协助。

在紧急情况下，可以按需拨打以下号码和联系相关部门：

匪警：110/170/111

刑警：+225-2720212300

火警：180

救护：185/2722445353

警察总局：+225-2720224823

使馆领事保护电话：00225-0758322468

外交部全球领事保护与服务应急呼叫中心：12308

中国驻科特迪瓦大使馆：+225-2722437778

中国驻科特迪瓦大使馆经济商务处：225-2722420927

Chapter 4
第四章

科特迪瓦有关法律规定

一、科特迪瓦法律体系概述

科特迪瓦的法律制度以其宪法为基础，宪法是国家意志的体现，由此衍生出整个科特迪瓦的法律制度以及所有居民和其他法律主体的权利。由于该国的殖民历史，科特迪瓦的法律体系以法国民法和《拿破仑法典》为基础。独立后，其法律体系在独立自主的基础上，仍然沿用了一些殖民时期的法律原则。科特迪瓦法律和司法体系较为健全。

宪法规定，科特迪瓦司法机构主要包括初审法院、上诉法院、最高法院和特别最高法庭。各级法院设有相应的检察院或总检察院。

二、在科特迪瓦投资注册企业需要办理的手续

（一）主管部门及相关法律

在科特迪瓦注册公司的受理机构是科特迪瓦投资促进中心，隶属私营部门投资和发展促进部，主要职责是为投资者提供办理有关设立、经营企业等手续方面的便利，提供投资政策和法律指导，吸引和推动国内和外国直接投资，促进科特迪瓦营商环境改善，推动私营领域投资项目的实施。

科特迪瓦适用非洲商法协调组织的《商业公司和经济利益集团统一法（2014）》，该法规定了设立经营实体适用规则。

（二）设立企业的形式

投资者在科特迪瓦可以建立以下形式的企业：普通合伙企业（SNC）、有限合伙企业（SCS）、有限责任企业（SARL）、股份公司

（SA）、简化的股份公司（SAS）和经济利益集团（GIE），此外还可设立无独立经营资格的公司代表处或联络处（见表 4-1）。

表 4-1　科特迪瓦各类经营实体及其特征

序号	公司形式	最低资本（西非法郎）	特　征
1	普通合伙企业（SNC）	无最低限额	由 2 个及以上自然人或法人设立，所有合伙人对企业债务承担无限连带责任。
2	有限合伙企业（SCS）	无最低限额	由 1 个或多个普通合伙人与 1 个或多个有限合伙人发起设立，普通合伙人对公司债务承担无限责任，有限合伙人在出资限额内承担责任。
3	有限责任企业（SARL）	100 万	可由 1 个或多个自然人或法人设立，股东在其出资范围承担企业债务。由一个或多个自然人管理，对于在会计年度结束时满足以下条件的公司，需雇佣外部审计专员为公司高管： （1）年营业额超过 2.5 亿西非法郎，长期工作人员超过 50 人。 （2）资产负债表总额超过 1.25 亿西非法郎。
4	股份公司（SA）	1000 万	1 个自然人或法人即可设立，股东对公司的债务以出资额为限承担责任，股份代表股东权利。股东应以现金出资，在认购股份时至少实缴股份面值的 1/4，其余认购金额根据公司章程，在 3 年内付清。

续 表

序号	公司形式	最低资本（西非法郎）	特 征
5	简化的股份公司（SAS）	无最低限额	1个自然人或法人即可设立，其特点是灵活性高。
6	经济利益集团（GIE）	可以无资本	由两个及以上自然人或法人设立。应在商业和动产信贷处登记，具有法人资格。成立目的是开展促进或发展与所在国有关的经济活动，为非营利性组织。
7	联络处或代表处	无要求	1个自然人或法人即可设立，为公司的分支机构，为所属公司开展业务做准备性或辅助性工作，无自主管理权。

资料来源：科特迪瓦投资促进中心。

（三）注册企业主要程序

在科特迪瓦创建公司需通过科特迪瓦投资促进中心单一商业窗口办理，具体需要11个步骤（见表4-2），办理网址：http://www.cepici.gouv.ci。

表4-2 科特迪瓦公司创建步骤

序号	具体步骤	具体要求	费 用
1	办理认购和付款公证声明（DNSV）	需要的文件：银行出具的存款收据、认购人名单、认购人缴款金额及认购书一式两份；公证人是唯一有权发布DNSV的公职人员。（此步骤仅适用于有限责任公司、股份公司）	公证费120000西非法郎

续 表

序号	具体步骤	具体要求	费　用
2	办理公司章程登记及认缴出资的公证声明	在公司章程规定的日期的1个月内向阿比让行政大楼的注册和印花部门办理；发起人必须出示8份每页签字并草签的章程原件，股份公司还须提供八份成立大会和董事会会议纪要。	章程每页需贴500西非法郎印花，同时支付登记税。
3	在法院登记处提交公司章程	向阿比让高原法院的登记处提供2份已登记的公司章程副本。	5000西非法郎
4	在商业和动产信贷登处登记	在阿比让商业法院或公司所在地法院的商业和动产信贷登记处进行。需要的文件：于单一商业窗口获得的5份登记表、1份申请、2份已注册签字的公司章程、2份公证行提供的公司股份认缴申明、2份签字的公司负责人名单、2份公司主要负责人无犯罪证明（如果申请人是外籍，应同时提供1份出生地国家出具的无犯罪证明）、1份出生证明、1份结婚证明（如已婚）、1份居住证明。获得2份带有注册日期和编号的登记表。	表格费用为1000西非法郎，登记费用为15000西非法郎。
5	商业动产信贷登处发出设立注册通知书后刊登公告	须15天内于官方期刊或授权发布法律声明的期刊（《博爱晨报》）上刊登公告。	登报价格为600西非法郎。

续 表

序号	具体步骤	具体要求	费 用
6	获得合法化通知公告	向市政厅负责提供3份有《博爱晨报》签字盖章的刊登公告，完成后，承包商将获得合法化通知公告。	每份通知需贴500西非法郎印花。
7	注册纳税人账号	从科特迪瓦税务总局或主管税务部门处获得一份纳税申报表，申请并获得纳税人账号。	1000西非法郎(公司注册资本高于100万西非法郎时为5000西非法郎)
8	注册外贸证书	需要文件：商业登记表、存在纳税申报表、执照证明、税务合规证明和经理身份证明复印件。完成后，企业可获得进口商代码和税号（可每年更新）。（此步骤仅适用于从事进出口业务的公司）	30000西非法郎
9	注册企业社保账户	由商业登记处填写一份国家社会保障基金提供的雇主登记表，完成后可获取社保账户。	免费
10	办理员工税务登记	向国家社会保障基金办理员工税务登记，每位获取带有员工编号的社会保险卡。所需文件：国家社会保障基金提供的注册表、身份证明文件。（适用于本国和外国雇员，不适用于外交官员和国际公务员）	免费
11	办理公司资金进出汇付许可	向阿比让金融城10楼的外部金融分理会或账户所在银行填写申请表格，完成后由外部金融分理分授予资金出入境汇付许可。	免费

资料来源：科特迪瓦投资促进中心。

三、科特迪瓦对外国投资的市场准入

（一）投资主管部门

科特迪瓦主管外商投资的部门为私营部门投资和发展促进部、经济与财政部。私营部门投资和发展促进部为科特迪瓦私人投资管理部门，主要职责包括：促进本国私营领域发展和外国投资增长；制定战略与实施、行政改革，提升营商环境竞争力，促进政府和社会资本合作（PPP）立法和监管框架的完善；与有关政府部门联络，协调国内外的投资促进活动；协助工业园区、经贸园区和免税区的创建和管理。科特迪瓦对外商投资无审批规定，但出于统计目的，外国企业于科特迪瓦投资需向经济与财政部报告。

隶属私营部门投资和发展促进部的投资促进中心，是科特迪瓦投资促进机构，负责吸引和促进国内外投资，管理单一商业窗口（一站式服务窗口），为投资者设立公司提供咨询和法律服务。投资促进中心也是获得工业用地的中间机构，设立了线上工业用地窗口。

（二）投资相关法律法规

科特迪瓦未针对外商投资立法，国内外投资者均适用科特迪瓦《投资法（2018）》。经过 3 次修订后，《投资法（2018）》和《投资法实施细则（2018）》构成科特迪瓦投资相关主要法律法规。《投资法（2018）》对获得外汇和资产转让无特殊限制，允许外国雇员、公司在遵守税收规定、履行正在进行的司法或仲裁程序条件下，汇回其报酬或清算后的资本以及利息、股息。科特迪瓦《采矿法（2014）》和《石油法（1996）》也规定了资本和利润的返还自由。

（三）投资行业的规定

科特迪瓦对外国企业投资没有行业限制。但是投资金额在 5 亿西非法郎以上的，或涉及交通、商业、房地产、公共工程、银行和金融业的投资，投资者应先向投资促进中心递交申请材料，投资促进中心批复后，由投资技术委员会裁定是否给出许可证。

房地产和公共工程的投资，还必须由建设部核准。银行和金融业投资须由经济与财政部与西非央行核准，从材料递交至最后许可证颁发需 45 个工作日。投资促进中心的单一商业窗口集中了投资咨询、政府行政、海关审核、法律公证等多个服务部门，并承诺在材料齐全的情况下，保证 24 小时之内完成投资公司的注册登记手续，大大便利了投资者。

《采矿法》禁止外国投资者从事手工和半工业采矿，规定工业采矿企业需为科特迪瓦政府保留一定比例股份。

（四）投资方式的规定

除了以公司组织形式（如普通合伙企业、有限合伙企业、有限责任企业、股份公司、简化的股份公司、经济利益集团、代表处等）在科特迪瓦投资外，投资者还可以通过兼收并购的方式进行投资。

1. 兼收并购法律法规和主管部门

科特迪瓦《竞争法（2013）》对外资并购作出规定。贸易和工业部的竞争和反垄断委员会负责调查和惩处《竞争法》规定的反竞争行为。在科特迪瓦经营也需遵守《西非经货联盟条约（1994）》《西非经货联盟关于反垄断程序条例（2002）》。

西非经货联盟成员国设置反垄断咨询委员会，如果该委员会发现企业合并构成条约中规定的垄断做法，可以按照《西非经货联盟关于反垄断程序条例（2002）》的规定，要求企业停止合并行为或采取适当措施恢复竞争。该委员会可主动回应申请，在听取有关企业和协会对合并行为的意见后，对有关企业采取临时措施并启动调查程序，被采取临时措施的企业可提出申诉或要求召开听证会。

2. **并购程序**

投资者收购在科特迪瓦设立的公司需经5个步骤（见表4-3）。

表4-3 收购科特迪瓦企业具体操作步骤

序号	步　骤	相关参与方	内　容
1	目标评估	税务、法律等领域专家	对公司的现状及其盈利能力、财务、法律、税务风险、正在进行的诉讼等进行准确评估。税务风险是此类运营中需要考虑的主要风险之一，建议寻求该领域专家的帮助。
2	利益相关方谈判	在律师支持下	双方就交易、合同和文件的协议达成一致。
3	文件认证	由公证员负责	对律师起草并由利益相关方协调达成一致的文件进行认证。
4	商业登记	由商业法院负责	（1）载有公证契约的文件必须提交给商业法院，以便在商业登记册上登记公司的变更，使交易正式生效。登记后需在官方期刊发表声明。 （2）这一步骤也可以在商业法庭线上平台E-TribCom进行。
5	税务备案	由公司所在地税务机关负责	此为收购过程的最后一步，公司业务转让同样需要税务备案。

资料来源：科特迪瓦投资促进中心。

四、科特迪瓦对外国投资的优惠

（一）一般性优惠政策

根据《投资法》，科特迪瓦分为 3 个投资区域：A 区（阿比让大区）、B 区（各大区首府、博努阿、大巴萨姆）、C 区（A、B 两区以外的地区）。《投资法》规定了两大投资领域，Ⅰ类包括农业、农产品加工业、卫生行业与酒店业（酒店业需满足在 A 区投资额高于 50 亿西非法郎、在 B、C 区投资额高于 20 亿西非法郎）；商业、银行业、金融业、非工业用途建筑业、自由职业等不适用《投资法》，除此之外不属于Ⅰ类领域的企业被归入Ⅱ类领域。

科特迪瓦《投资法》以优惠申报制度和核准制度为核心，申报制度下申报即可适用税收优惠，核准制度下经投资促进中心批准才能适用税收和海关优惠政策。享受优惠包括两个阶段：创立阶段和经营阶段。在创立阶段，满足最低投资额并经核准的企业可享受设立阶段优惠政策，可免缴科特迪瓦的主要关税和增值税，但不免除统计费、社区团结税及非洲联盟进口税。最低投资额的规定为：大型企业为 2 亿西非法郎，中小企业为 5000 万西非法郎，位于 A 区的大型商业中心为 100 亿西非法郎，位于 B 区与 C 区的大型商业中心为 50 亿西非法郎。在经营阶段，企业可享受的税收优惠政策见表 4-4。

表 4-4 《投资法》规定经营阶段税收优惠政策

适用制度	企业类型	优惠政策
申报制度	Ⅰ类企业	(1) A 区：享有 5 年期企业所得税、专利和许可税、雇主缴纳与雇员有关税款、财产税 50%的税收豁免； (2) B 区：享受前 5 年全免、后 5 年减免 50%税收优惠，优惠税种除 A 区优惠税种外，还包括证券所得税； (3) C 区：享受前 10 年全免、后 5 年减免 75%税收优惠，优惠税种与 B 区相同。
	Ⅱ类企业	A、B、C 区优惠税种均为企业所得税、专利和许可税、财产税、增值税及雇主缴纳的与雇员有关税款，抵免比例分别为 25%、35%和 50%。
核准制度	Ⅰ类企业	(1) 大型公司[1]享受优惠与申报制相同； (2) 中小企业在原有减免税年限的基础上，A 区的投资企业可享受减税 75%，B 区企业为前 5 年全免、后 5 年减税 75%，C 区企业相应税收全免，优惠税种除申报制度下税种，还增加银行业务税。
	Ⅱ类企业	(1) 大型公司享受优惠与申报制相同； (2) 中小企业在申报制度的基础上，各税种税收抵免比例上调，A、B、C 区分别为 37.5%、52.5%与 75%。

资料来源：科特迪瓦《投资法》。

(二) 对外资企业的特定优惠

2018 年《投资法》规定，由外国人拥有多数股权的大型公司如果为当地人创造就业机会、向当地人开放股本或转包加工等方面采取属地化政策，可享受额外 2%的税收抵免，具体条件为以下几个。

[1] 根据科特迪瓦《投资法》定义，大型企业是指年营业额超过 10 亿西非法郎的企业，中小型企业为年营业额低于 10 亿西非法郎且正式雇员少于 200 人的企业。

1. 创造就业机会

企业内部科特迪瓦籍高层管理和监督人员占这两类员工总数的80%。

2. 股本开放

科特迪瓦部长理事会出具的投资清单中的大型外国公司将34%以上的股本向科特迪瓦国民开放。

3. 转包加工

外国企业外包给科特迪瓦本国企业的基础设施工程、零部件生产、服务不低于公司业务量的25%。

五、科特迪瓦贸易的法律规定

（一）贸易主管部门

科特迪瓦贸易主管部门是贸易与工业部，主要职责包括制定对外贸易的法律法规、负责双边贸易和多边贸易协议的谈判，定期向政府提供有关出口原材料、半成品和成品的信息，改善出口环境，管理受管制产品的进出口，根据国际条约修订外贸法规以及参与制定西非国家经济共同体统一贸易法规。

（二）贸易法规体系

科特迪瓦总体上坚持自由贸易，与贸易相关的主要法规有《商品交易管理条例》《进出口管理条例》《贸易准许法》《价格管理条例》《竞争法》《竞争管理条例》《国际仲裁法》《税法》《国家出口禁令》等。此外，与贸易相关的法规还有《外国货物进入科特迪瓦条件（1993）》《货物出口和再出口条件（1991）》《从科特迪瓦出口任何货物前的行政程序（2014）》等。

（三）贸易管理的相关规定

1. 进口相关规定

科特迪瓦商品进口适用3类制度：自由进口制度、审批进口制度和限制进口制度（如表4-5所示）。在科特迪瓦，可以通过创建专业贸易公司、注册临时进口商两种方式从事商品进口业务，两类主体均需向贸易与工业部申请进口商代码。专业贸易公司可于设立时申请进口商代码，临时进口商每个会计年度最多申请3次临时进口商代码，每个代码有效期仅限于一次业务。

表4-5 科特迪瓦的进口制度

序号	类型	适用范围
1	自由进口制度	除适用审批、限制进口制度外的商品，商品离岸价值大于或等于50万西非法郎时，需于BIVAC国际股份公司办事处登记进口信息表，该表有效期6个月。
2	审批进口制度	（1）出于健康、植物检疫、道德、秩序和安全的原因，以下进口的产品需经技术部门事先批准：活体动物、鲜活植物和花卉栽培产品、种子、精油、药品、声音和图像载体以及武器弹药。 （2）进口产品价值大于或等于50万西非法郎时，也需登记进口信息表，登记需提交产品进口批准文件。
3	限制进口制度	进口数量受限及禁止进口的产品： （1）数量受限。进口离岸价大于或等于2.5万西非法郎的棉织物和石油产品，需获得对外贸易局签发的进口许可证，许可证有效期6个月。 （2）禁止进口。糖、面包面粉、模拟电视机和不符合广播和压缩标准的电视机、普通可生物降解或不可降解塑料袋。

资料来源：科特迪瓦商业信息门户网站。

2. 出口相关规定

科特迪瓦商品出口还包括自由出口、事先授权和禁止出口 3 种制度（见表 4-6）。部分商品的出口商需获得科特迪瓦行政主管部门的从业许可，需要许可的范围为咖啡、可可、菠萝、香蕉、原木和木制品的出口商，该许可有效期为 1 年或每个作物生产年度。出口商品的必要的行政程序包括获得纳税人账号、获得出口商代码或临时出口商代码、获得出口商从业许可（适用需从业许可的产品出口商）。

表 4-6 科特迪瓦的进口制度

序号	类　型	适用范围
1	自由出口制度	除需授权和禁止出口的产品外，商品可自由出口。
2	事先授权制度	矿物和贵金属受出口前授权制度的约束，出口商需要获得矿业、石油与能源部及经济与财政部授权。
3	禁止制度	象牙、部分木材、黑色金属产品禁止出口。

资料来源：科特迪瓦商业信息门户网站。

3. 进出口商品检验检疫

科特迪瓦进口检验指定机构为 INTERTEK 国际有限公司、兴业银行检验公司、BIVAC 国际股份公司、COTECNA 检验股份公司，这 4 个机构在全球均有办事处。

科特迪瓦清关必备以下证明：

（1）商品合格证书。所有进口到科特迪瓦的商品均需在装运前进行定性、定量检查和价格比较。除了定性和定量检查，部分商品需遵循科特迪瓦规定标准，由指定机构核查并颁发合格证书，涵盖食品、化妆品和个人卫生用品、建筑材料、包装、汽车备件等。根据商品种类，核查费用为离岸价（FOB）的0.45%、0.4%、0.3%不等。

（2）货物跟踪单。进口商、供应商或货运代理商需在科特迪瓦托运人办公室网站上设立账户，为每批进口货物创建货物跟踪单，提交海关要求文件并支付费用后24小时内可获得货物跟踪单验证。

（3）最终分类和价值报告。最终分类和价值报告适用于所有FOB为100万西非法郎及以上的货物。FOB价值低于100万西非法郎或豁免产品免于最终分类和价值报告程序，豁免产品清单可在科特迪瓦海关总署网站查询。最终分类和价值报告申请于单一对外贸易窗口办理，所需文件为商业发票、海上提单（空运单或道路车单）、运输清单、运费发票、其他可用证书。在提交上述文件后的5个工作日内，海关风险分析、情报和价值局将通过电子邮件向进口商或货运代理发送最终分类和价值报告，其中包括海关风险分析、情报和价值局对货物关税价值的评估以及进口货物海关税则编码（HS代码）。

4. 海关管理规章制度

科特迪瓦海关总署隶属经济与财政部，按照科特迪瓦《海关法（1988年修订）》行使职权。

六、科特迪瓦关于劳动就业的法律规定

（一）劳动就业主管部门及相关法律体系

科特迪瓦负责就业与劳动关系事务的主管部门为就业与社会保障部，下设科特迪瓦劳工总局，负责制定和评估劳动政策、制定劳动保护标准并监督其实施。

科特迪瓦《劳动法（2015）》为科特迪瓦劳动雇佣领域的主要法

律，对工作条件、工资标准、职业健康、工会设立和集体谈判等作出了具体规定。《外国人在科特迪瓦入境和居留法令（1990）》为规范外国人在科特迪瓦居住和就业的主要法规。

（二）劳动法的核心内容

1. 劳动合同

（1）劳动合同订立。科特迪瓦《劳动法》规定，劳动合同分为固定期限和无固定期限劳动合同，签订固定期限劳动合同职工数不得超过公司职工总数的 1/3。固定期限劳动合同须以书面形式签订，合同期限不得超过两年，可多次续签，不符合上述条件的劳动合同被视为无固定期限合同。《劳动法》第 13 条规定了学徒合同：雇主向雇员提供职业培训，雇员参与培训工作，学徒合同应以书面形式签署。

（2）试用期。试用期需以书面形式确定，不同类型雇员最长试用期不同（见表 4-7）。

表 4-7　科特迪瓦不同类型雇员最长试用期

序　号	职业类别	最长试用期
1	按小时或日支付工资的工人	8 天
2	按月支付工资的工人	1 个月
3	主管、技术人员	2 个月
4	工程师、经理、高级技师等	3 个月
5	高级管理人员	6 个月

资料来源：科特迪瓦《劳动法》。

（3）劳动合同终止。试用期内，雇主无须事先通知即可解除劳动合同；试用期后，如解雇固定期限合同雇员，雇主需支付解雇费，金额一般为其劳动合同规定的月工资的 3%。如双方签订无固定期限的劳动合同，雇主可依据法定理由终止合同。如长期患病雇员法定病假期满后无法重新工作，雇主可终止劳动合同，但需为其提供 1 年优先雇佣权，雇员享受这一权利的条件为出示健康状况适宜工作的医疗证明。

雇主因经济原因终止劳动合同需向员工代表、所在区域劳动和社会法检查员提供相关决议文本，说明计划解雇的原因、公司使用的标准、有关人员的名单和解雇日期，并与员工代表召开说明会。雇主为因经济原因被解雇员工提供同一工种 2 年的优先雇佣权。

2. **劳动报酬**

《劳动法》第 31 条规定，雇主有义务确保同工同酬，不得因性别、年龄、民族、宗教等歧视劳动者。《劳动法》第 32 条规定了工资的支付形式，工资必须以法定货币支付，发放工资时，雇主需起草相关证明文件，由双方签署，将其与会计文件一同保存，以备相关主管部门检查。

3. **工作时间和休假**

科特迪瓦《劳动法》规定了雇员工作时间、加班、休息和带薪休假等制度，详见表 4–8。

表 4–8　雇员工作时间和休假的规定

类　别	有关规定
工时	非农企业每周工作 40 小时，农业企业每周工作 48 小时。
加班	允许加班，应支付加班工资：每周工作第 41~46 小时工资增加 15%，第 46 小时之后增加 50%，夜班增加 75%，星期天和节假日增加 75%，星期天和节假日夜班增加 100%。
夜班	禁止孕妇夜间工作；禁止 18 岁以下的年轻工人夜间工作，但对特殊性质职业可给予豁免。

续 表

类　别	有关规定
休息	每周至少连续休息 24 小时，原则上应在周日休息。
休假	雇员工作满 1 年后，获得带薪休假的权利，为每月 2.2 个工作日。年休假时间随工作年限调整，每 5 年增加一次。
特别假	工作满 6 个月，可享受婚假、丧葬假、搬家假等带薪事假，每年最多 10 个工作日。
产假	女性雇员享受 14 周产假，包括预产期前 6 周和预产期后 8 周（必须满足产后 8 周），产假期间工资的 50%由雇主发放，另 50%由国家社保基金支付。
病假	雇员患特定疾病且由医生出具证明，可获得 6 个月带薪病假；长期疾病情况下，雇主最多提供 12 个月带薪病假。

资料来源：科特迪瓦《劳动法》。

4. **妇女雇佣**

《劳动法》禁止雇主因性别、怀孕而歧视雇员。女性雇员在产假结束后，应从事原岗位工作；产假后 15 个月内，享有每个工作日不超过 1 小时的哺乳假。

5. **年轻人雇佣**

《劳动法》第 23 条规定，任何企业不得雇佣 16 岁以下的儿童，14 岁以下的儿童不得成为学徒，16～21 岁的年轻雇员应受平等对待，不得因年龄受到工资或工种方面的不平等待遇。科特迪瓦重视国内童工问题，相关法规有《禁止贩卖和最恶劣童工形式》《允许 13～16 岁儿童从事的轻体力劳动清单》等。

6. **残障人员就业**

根据《劳动法》规定，残疾人指有身体残疾或智力障碍的人，雇主须为具有职业资格的残疾人保留就业份额。

7. **工会**

根据《劳动法》规定，员工总数超过10人的企业均应选举职工代表。科特迪瓦《职工代表和工会代表法（1996）》规定了职工代表人数、当选资格及解雇条件，如表4-9所示。职工代表任期两年，可连选连任，主要负责对工作条件和薪资提出建议、代表职工参加集体协议谈判等。选出职工代表后，员工仍有权向雇主提出建议和申诉。

表4-9 科特迪瓦企业职工代表人数规定

单位：人

员工人数	正式代表人数	替补代表人数
11~25	1	1
26~50	2	2
51~100	3	3
101~250	5	5
251~500	7	7
501~1000	9	9

资料来源：科特迪瓦《职工代表和工会代表法（1996）》。

（三）外国人在当地工作的规定

企业聘用非科特迪瓦籍工作人员，需先向科特迪瓦就业调研与促进所申报招聘信息，在全国性报纸上刊登信息，一个月后，如果未雇佣到合适的科特迪瓦人，雇主可以雇佣外国人。

西非国家经济共同体国家的公民在科特迪瓦工作无须额外许可，其他国籍外国人需向就业调研与促进所申请工作许可，并缴纳相关费用（如表4-10所示），此类许可证不适用计时和计件制劳工、农业劳动者、家政工人和企业高级管理人员。外国人在科特迪瓦工作需要按规定缴纳社会保险费用，享受科特迪瓦本国劳动者同等的权益保护和法定假期。

表 4-10 外国人科特迪瓦工作许可办理费用

序号	类 型	许可证期限	工作许可证签发费用
1	定期雇佣合同	24 个月	非非洲籍员工：一个月薪酬（基本工资+额外工资）。 非洲籍员工：一个月薪酬的 1/2。
2	无固定期限雇佣合同	长期	非非洲籍员工：一个月薪酬（基本工资+额外工资）的 1.5 倍。 非洲籍员工：一个月薪酬的 3/4。

资料来源：科特迪瓦投资促进中心。

七、科特迪瓦关于税收的法律规定

（一）税收管理机构及税收法律体系

科特迪瓦税务总局是科特迪瓦税务主管部门，负责税收法规制定、税收征管和税务合规监督。科特迪瓦税收相关法律主要是《通用税法（CGI）》，该法源自 1963 年第 524 号法律，自 2005 年起每年更新一版，最新版为《通用税法（2024）》。此外关于特定行业的税收优惠政策散见于《投资法（2018）》、《石油法（1996）》和《采矿法（2014）》等。

（二）主要税赋和税率

科特迪瓦税收种类主要包括企业所得税、个人所得税、增值税、预扣税、特许经营税、财产税等（见表 4-11）。企业（不包括银行和保险公司）会计核算必须符合修订后的非洲商法协调组织会计制度。

表 4-11　科特迪瓦主要税赋和税率

序号	税　赋	税　率	说　明
1	企业所得税	25%	（1）电信、信息技术和通信行业所得税率为 30%； （2）所有企业还需缴纳最低统一税，计税基础为总营业额，税率为 0.5%，最低税额 300 万西非法郎，最高税额 3500 万西非法郎； （3）对公司在科特迪瓦境外开展的业务不征税，无税收抵免。
2	个人所得税	采用 0~10% 的累进税率	通过 3 步计算得出。 （1）工资税：对总收入（工资、津贴和实物福利）的 80% 征收 1.5%，由雇主代扣代缴； （2）国家贡献：对总收入的 80%按 1.5%~10%的累进税率征收； （3）免征部分：食品津贴每月 30000 西非法郎，交通津贴（阿比让每月 5000 西非法郎、其他城市每月 3000 西非法郎），雇主支付的特别奖励津贴。
3	增值税	18%	部分产品适用 9%的低税率：牛奶（酸奶和其他乳制品除外）、婴儿牛奶和婴儿复合预制食品、高档大米、从西非国家经济共同体以外进口的肉类、含有 100%硬质小麦粗面粉，以及太阳能设备。
4	消费税	10%~15%	进口卷烟、酒精、非酒精饮料及香水消费税 10%，化妆品消费税 15%。

续 表

序号	税 赋	税 率	说 明
5	财产税	1.5%~15%	(1) 地产税：未开发的土地征收1.5%。对出租已建或未建建筑物地产收入征税，法人、自然人适用税率分别为4%、3%； (2) 房产税：对于已出租的房产，对法人征收租金收入的11%，对自然人征收9%。企业拥有并自用的房产，税率为15%。
6	财产转让税	4%~10%	通过销售转让财产：财产租赁转让10%、房地产销售4%、企业转让10%。
7	工资税	本地雇员2.8%、外籍雇员12%	属雇主缴纳的部分，税基为应税工资总额。
8	预扣税	15%~20%	具体税种为： (1) 证券所得税征收股息和董事费的15%； (2) 应收利息税对利息征税18%； (3) 非商业利润税对科特迪瓦公司向外国企业缴纳的特许权使用费征收20%； (4) 对与科特迪瓦签订双重征税协定的国家征收以上税种，税率按协议规定。
9	特别设备税	0.1%	为政府提供的设备而缴纳，计税基础为不含税营业额。
10	营业特许税	流转税0.5%、比例税18.5%	(1) 流转税按照营业额的0.5%税率计算，最低税额为30万西非法郎，最高税额为300万西非法郎； (2) 比例税基于办公地点的租金征收。
11	银行业务税	10%	对支付的银行服务费征收，税率为10%，可从销项增值税中全额扣除。

续 表

序号	税　赋	税　率	说　明
12	登记税	0.1%或0.3%	（1）设立时出资为300万~50亿西非法郎，税率0.3%；高于50亿西非法郎，税率0.1%；低于300万西非法郎，缴纳最低税额1.8万西非法郎； （2）追加资本和公司转让也需缴税，分别为增资的6%、转让股份市价的1%。
13	社会保险税	—	（1）退休保险由雇员缴纳应税工资的6.3%，雇主缴纳7.7%； （2）家庭津贴5.75%、工伤保险2%~5%，由雇主单独负担。

资料来源：普华永道全球税收概览。

科特迪瓦对保险保费征税，其中海运险税率为7%，火险税率25%，健康险税率8%，出口信用险税率0.1%，其他险种如个人责任险、交通险税率均为14.5%。其中，根据商业运输保险单支付的海上风险保险费可免除纳税。

科特迪瓦进口关税适用西非经货联盟共同对外关税（CET），可分为四档：

（1）科特迪瓦急需的书籍等文化产品、科技专利、药品等免收进口关税，只缴纳海关费用，约占货值的1%。

（2）初级产品如原油等税率为5%~10%。

（3）半成品、成品油等税率为10%~20%。

（4）产成品税率在20%以上，汽车等高档消费品税率在30%以上。

科特迪瓦对过境货物不征收进口关税和税收。商品进口时，还需缴纳统计税（1%）、社区团结税（0.8%）、非洲联盟进口税（0.2%）和增值税（18%），其中自西非国家经济共同体进口商品的社区团结税为0.5%，自非洲联盟国家进口商品免缴非洲联盟进口税。

（三）税务申报

1. 纳税申报

科特迪瓦企业报税需要在规定时间内主动前往相关部门申报。月度税、季度税一般可由企业会计前往有关部门申报，但年度税最好委托当地有资质的会计师事务所申报。科特迪瓦会计年度为每年1月1日至12月31日。部分税种纳税申报时间见表4-12。

表4-12　科特迪瓦部分税种纳税申报时间

类　型	税　种	纳税申报时间
月度税	工资税、社会保险税（19人以上企业）、增值税、特别设备税	每月15日前申报。
季度税	财产税、社会保险税（19人以下企业）	分别于每季度第一个月月底、月中前申报。
年度税	企业所得税	每个会计年度结束后的5月30日前申报，受审计要求的公司于6月30日前申报。

资料来源：中国驻科特迪瓦大使馆经济商务处和普华永道全球税收概览。

2. 违法处罚

根据《通用税法》，逾期纳税需支付税款的5%作为滞纳金，每多逾期一个月需额外支付税款的0.5%作为逾期利息；对于国库代扣的税款、流转税、间接税和从源头扣缴的工资税、社会保险税，逾期利息分别增加10%和1%；由财政和公共账户总局征收的税款，如果未在征收日下一个月的最后一天支付，则可能增加10%的逾期利息。

《通用税法》同时规定，如果纳税人申报了不真实、不准确或不完整的用于计算税收的要素，除缴纳逾期利息外，还应缴纳罚款，金额为税款的一定比例：与虚假或遗漏信息对应纳税金额不超过实际应缴税款的1/4时，为15%，超过1/4时，为30%；如果为欺诈性操作，则为100%。对于国库代扣的税款、流转税、间接税以及从源头代扣的工资税、社会保险税，在上文规定三类处罚比例基础上分别增加30%、60%和150%。

八、科特迪瓦关于用地的法律规定

（一）土地资源管理部门及相关法律法规

科特迪瓦《土地法（1998）》规定，外国企业和外国人不能获得土地所有权。科特迪瓦《投资法》规定，外国企业按规定缴纳相应使用费后可以获得土地使用权。

科特迪瓦工业基础设施管理和发展局（AGEDI）负责审批工业用地的申请文件。投资促进中心（CEPICI）的线上工业用地窗口与AGEDI实现审批程序对接，投资者可通过这一窗口完成申请使用土地的行政手续。

（二）外资企业获得土地的规定

于科特迪瓦获得工业用地的具体步骤见表4-13。

表 4-13　获得工业用地的步骤

序号	步　骤	主管机构	内　容
1	申请工业用地开发许可证	CEPICI/AGEDI	(1) 在 CEPICI 网站上的线上工业用地窗口填写规定的文件，由 AGEDI 进行评估和处理。申请人将通过 CEPICI 收到允许或拒绝申请的授权书，办理时限为 30 个工作日。如果获得批准，可办理工业用地建筑许可证。 (2) 申请人获得工业用地建筑许可证后，有两年的时间来进行土地开发（建造基础设施和生产设施）。开发期内，AGEDI 定期对开发进行评估，两年后，AGEDI 将报告是否已完成开发。
2	获得“工业用地占用令”	AGEDI/CEPICI	完成开发报告后，AGEDI 将自行启动此步骤。经过 AGEDI 和贸易与工业部长核验，工业用地占用令将被直接传送到 CEPICI，由其发放给经营者，经营者获得 10 年土地使用权，办理时限为 20 个工作日。
3	获得长期租约	CEPICI	需向 CEPICI 提出申请，申请的处理时间为 45 个工作日。租约由贸易与工业部长和建设、住房与城市化部长代表国家签署，由 CEPICI 发放给经营者，租约有效期 30 年，在租赁期满前一年，经营者可以要求续租。

资料来源：科特迪瓦工业基础设施管理和发展局。

工业单位应在工业区内生产经营，只有在 AGEDI 不能提供土地或申请人能证明其选择的土地是唯一可用于计划活动的土地时，才能在工业区外设立厂房。工业单位使用工业区外土地，必须经建设、住房与城市化部长给予规划许可以及贸易和工业部长批准。

点评：

在科特迪瓦，外国人可以直接拥有或投资土地，但获得土地的方式一般是特许或长期租赁，租期从18年到99年不等。

九、科特迪瓦关于环境保护的法律规定

（一）环保管理部门及相关法律法规

科特迪瓦环境保护的主管部门是环境与可持续发展部及其下属的国家环境署，负责审核工程项目实施单位与有资质的环评公司合作编制的项目环评报告，按照科特迪瓦《环境法（1996）》相关要求，审核并授予项目环保许可证。

科特迪瓦《环境法》是科特迪瓦关于环境保护事项的上位法，除此之外还有《关于开发项目环境影响研究的规则和程序（1996）》《关于设立和组织国家环境署的法令（1997）》《保护海洋和潟湖环境条例（1997）》《关于设立和组织国家环境基金的法令（1998）》《实施污染者付费原则程序法令（2012）》《关于禁止生产、进口、销售、储存和使用塑料袋的法令（2013）》。此外，科特迪瓦《宪法》《投资法》《采矿法》《石油法》《电力法》《旅游法》《林业法》均有关于环境保护的规定。

除国内法规外，科特迪瓦批准了多个环境保护的国际条约，包括《防止海洋石油污染国际公约》《国际防止船舶造成污染公约议定书》《国际油污损害民事责任公约》等。

（二）环保法律法规基本要点

科特迪瓦《环境法》规定了环境保护对象、环境破坏的具体形

式、违法处罚标准和环保部门的主管机构。《环境法》保护对象包括土壤和底土、淡水和海水资源、生物多样性、大气以及注册的古迹、遗址、分类森林、国家公园和保护区等。部分处罚措施包括：

（1）在分类森林、保护区和国家公园内砍伐树木或捕猎动物，将被处以 2 个月至 2 年的监禁及 500 万西非法郎的罚款。

（2）破坏注册的遗址或纪念碑，将被处以 1000 万~1 亿西非法郎的罚款或 6 个月至 2 年的监禁。

（3）未经允许排放固体、液体和气体废物，将被处以 1 亿~5 亿西非法郎罚款。

（4）未经许可进口、向海洋倾倒或于水域陆地浸没、焚烧废物的行为者，将被处以 1~5 年监禁及 500 万~1 亿西非法郎罚款。

《环境法》规定土地开发规划、总体规划、城市规划以及工业、居住和休闲等设施选址和建设必须考虑环境保护的要求，道路、水坝等公共工程的施工需要编制环境影响报告书。环境影响报告书需评估给定活动整体环境影响、提出减轻影响的措施，具体包括对拟进行活动的描述、对环境的影响及解决方案以及相关措施的财务估算等。

点评：

科特迪瓦打击非法木材贩运。2019 年 4 月 15 日，科特迪瓦水资源和森林部发布信息声明，该部的特别监视和干预大队查获了存放于 5 个集装箱共 100 立方米的橡木，查获橡木市值达 1 亿西非法郎。科特迪瓦禁止开采橡木，在查获现场，科特迪瓦水资源和森林部主要官员重申了打击科特迪瓦非法贩卖木材的决心。2021 年 10 月，几名外国木材贩运者被科特迪瓦打击重罪组抓获，原因是非法砍伐并贩运一种高品质木材——缅茄，此种木材自 2013 年已明确被科特迪瓦当局禁止砍伐。

（三）环保评估的相关规定

在科特迪瓦承包的大部分建设工程或投资生产类项目需进行环境评估，由科特迪瓦国家环境署派出专家对项目进行评估，通过后方可实施，并需向科特迪瓦政府缴纳一定的环境资费。

《关于开发项目环境影响研究的规则和程序（1996）》规定需要进行环境影响评估的项目为：

（1）采掘业、能源行业、食品加工、化学工业、纺织皮革和造纸工业、基础设施等领域的生产建设项目（见表4-14）。

表4-14 科特迪瓦需要进行环境评估的项目

行　业	具体项目
采掘业	石油和天然气勘探和开采业务、矿产资源的开采和采石业。
能源行业	火力发电厂和其他高热量燃烧装置、水电大坝。
食品工业	动植物脂肪产业、动植物产品保存、乳制品制造、啤酒厂和麦芽厂、糖果和糖浆厂、工业饲料厂、鱼粉和鱼油厂、制糖厂、饮用水处理厂。
化学工业	化学品、药品杀虫剂、油漆、弹性体和过氧化物制造设施。
纺织、皮革和造纸工业	造纸和棉花生产单位、纤维素生产和加工单位、制革厂、纺织和染色装置。
基础设施项目	（1）铁路、高速公路和机场。 （2）渔港和休闲港口。 （3）工业区改造工程。 （4）城市装修工程。 （5）管道和河道整治工程。 （6）修建水坝或其他以可持续方式蓄水的设施。 （7）石油和天然气管道或任何其他类型管道的安装。 （8）供水设施。

资料来源：科特迪瓦《关于开发项目影响研究的规则和程序（1996）》。

（2）位于或靠近法定保护区或生态敏感区的项目，包括保护区和类似地区、湿地和红树林、具有文化和旅游价值的地区、认定的生态敏感区、供水点周边受保护的地区以及国家管辖和国际海域或水域。

如果不属于该法列出项目，施工方须向国家环境署提交声明，国家环境署一般在30天内给予回执，如果30天内未答复，该项目即被认为免于环境影响评估。

环境影响评估报告应提交国家环境署审核，获得其授权后，才能进行项目后续行政审查程序。任何法人或自然人如未能按照主管当局的要求进行环境影响评估、伪造或提交不符合规定环境影响报告书，应暂停活动或关闭企业并进行环境影响评估，如果已经造成环境损害，需进行赔偿。

十、科特迪瓦反不正当竞争、反商业贿赂及反洗钱等方面的法律规定

（一）反不正当竞争

科特迪瓦于1991年颁布《竞争法》，该法于2013年更新。科特迪瓦反不正当竞争事务的政府主管机构是竞争和反垄断委员会。西非经货联盟部长理事会于2002年5月23日于阿比让通过共同竞争立法，规定了西非经货联盟内部3种不正当竞争形式。

（1）反竞争协议：具有限制或扭曲西非经货联盟竞争环境的目的或效果的企业间协议或一致性行动，包括限制市场准入或自由竞争，固定价格，分割销售或供应市场，限制生产、出口、技术开发和投资。

（2）滥用市场支配地位：一个或多个企业滥用西非经货联盟共同

市场的主导地位，滥用行为包括实施直接或间接影响购买价格、销售价格或其他公平交易条件的行为，限制生产、出口或投资、合并以实施集中。

（3）国家补贴：各国利用其资源以任何形式提供援助，扭曲共同市场竞争。

（二）反商业贿赂

科特迪瓦反腐败法律主要为《关于打击腐败和类似犯罪的法令（2013）》（以下简称《反腐败法》）。在国际协定方面，科特迪瓦于2012年批准了《联合国反腐败公约》、《非洲联盟预防和打击腐败公约》、《采掘业透明度倡议》（EITI）。

科特迪瓦反腐败的主要机构为财政总稽核局和善政高级管理局。财政总稽核局于2012年下设反腐败大队，负责处理投诉、调查欺诈和相关腐败行为。科特迪瓦善政高级管理局作为科特迪瓦实施国家善政和反腐败计划的一部分，负责制定和实施国家反腐败策略、调查和起诉反腐败行为等。

科特迪瓦《反腐败法》规定了腐败和类似犯罪的具体类型和刑罚处罚，腐败行为分为国家公职人员腐败行为、贿赂外国公职人员和国际公务员、私营部门的腐败3类，其中国家公职人员的腐败行为包括利用职权受贿、滥用职权、贪污公共资金和证券、索要贿赂、收取回扣、妨碍司法和公共行政正常运作6种。在私营部门，禁止私营公司向相关公职人员赠送礼品等。对国家公职人员受贿的处罚为5~10年监禁和500万~1000万西非法郎罚款，如果为司法系统公职人员受贿，刑期为10年，罚款为承诺或收受贿赂价值的3倍金额，最低为500万西非法郎。

（三）反洗钱

《关于打击洗钱和资助恐怖主义法（2016）》为科特迪瓦反洗钱主要法律文件。隶属经济与财政部的国家金融信息处理部门是科特迪瓦反洗钱事务的主管机构，负责调查可疑金融交易、打击洗钱和恐怖主义融资。国家金融信息处理部门拥有广泛的权力调查可疑的金融交易，包括政府官员的交易。

《关于打击洗钱和资助恐怖主义法》将几种财产处置行为定义为洗钱犯罪，包括转移或转换、取得和使用来源于犯罪或指定用于犯罪的财产，隐瞒上述财产性质以及为上述行为提供便利。该法同时规定了处罚标准，犯有洗钱罪的自然人将被处以3~7年有期徒刑，并处以其活动所涉财产价值3倍以下的罚款。犯有洗钱罪的法人罚款数额为自然人罚款的5倍，法人还将被处以永久或5年内不得参与公共采购、没收用于犯罪的财产，5年内置于司法监督之下，永久关闭、解散和于公开媒体发布处罚决定中一项或多项刑罚。

《关于打击洗钱和资助恐怖主义法》规定了金融机构报告可疑交易和保存交易信息的制度。如果金融机构收到的电汇中付款人信息有缺失，金融机构应从发起转账机构或受益人处获取并核实缺失的信息，如果未获得这些信息，应停止转账并通知国家金融信息处理部门；金融机构从关闭交易账户或终止与客户关系时开始，应将有关其身份的文件保存10年，还应在执行转账等业务后，将账簿和商业信函等有关文件保存10年。

［**案例** 4-1］

非洲开发银行集团将科特迪瓦建筑公司列入有欺诈行为公司。科特迪瓦贸易和地产建设公司为一家在科特迪瓦注册的有限责任公司，非洲开发银行廉政和反腐败局调查发现，其在参与非洲开发银行位于科特迪瓦阿比让的 CCIA 大楼和 B 塔的招标装修中存在欺诈行为。非洲开发银行集团宣布，从 2022 年 6 月 27 日起，将科特迪瓦贸易和地产建设公司加入有欺诈行为的公司之列，为期 9 个月，在这一期间该公司及其子公司将被剥夺参与所有由非洲开发银行集团资助的项目的竞标资格。在禁期结束后，该公司只有在其行为符合世界银行反腐廉洁准则后，才有资格参加非洲开发银行所资助项目的投标。

十一、科特迪瓦对保护知识产权的规定

（一）科特迪瓦知识产权保护机构

科特迪瓦是非洲知识产权组织成员国之一，适用非洲知识产权组织知识产权法《班吉协定》。科特迪瓦知识产权局是科特迪瓦知识产权事务的政府主管部门，负责专利、商标、工业设计和商业名称注册申请和保护。科特迪瓦版权局负责管理文学和艺术的版权，全国打击假冒委员会负责打击假冒和盗版商品。

（二）知识产权相关法律法规及主要内容

非洲知识产权组织依据 1977 年由非洲法语区 16 国签署的《班吉协定》及其附件处理知识产权纠纷。

《班吉协定》保护的知识产权包括：专利、实用新型（保护小型技术发明）、商标、商号、工业设计和模型、地理标志、植物品种、文学和艺术财产、集成电路布局设计。

（三）知识产权侵权的相关处罚规定

《班吉协定》对知识产权侵权的处罚有如下规定：

（1）侵权人立即停止侵权行为。

（2）视情节对侵权人处以不超过1200万西非法郎罚款。

（3）侵权人视实际情况给予被侵权人补偿，补偿额由案发当地法院裁定，交由非洲知识产权组织复核备案。

（4）《班吉协定》不涉及刑事处罚。

（四）专利和商标等知识产权规定

1. 专利

专利是为保护发明颁发的权利证书。申请专利的发明需要满足新颖性、创造性和工业应用性。科特迪瓦专利权申请人拥有发明的所有权，专利申请人或权利继承人享有专利保护期限内在指定区域进行工业应用的专有权、侵权行为发生时的救济权利。专利的最长保护期限为20年，专利申请人需缴纳年费。专利保护范围包括所有非洲知识产权组织成员国。专利申请需向科特迪瓦知识产权局提出，需要的文件包括：

（1）根据科特迪瓦知识产权局提供模板起草的申请。

（2）缴纳规定税款的证明。

（3）一封密封信函，内含关于发明的充分描述，用于解释说明的图纸，界定了保护范围的权利要求（权利要求决定了专利保护范围，构成针对第三方强制执行的依据）。

2. 商标

商标为区分公司产品或服务的标志，包括个人商标和集体商标，其中集体商标由工会团体、协会、生产者团体等集体共同使用，需遵守国家商标和地理委员会的规定。商标需满足独特性、不误导消费者、不侵犯在先权利等原则。任何自然人、法人均可申请商标，科特迪瓦商标的保护期限为10年，每10年可续期一次，保护范围覆盖所有非洲知识产权组织成员国。申请商标注册需要将拟申请注册的标识提交科特迪瓦知识产权局检查、填写科特迪瓦知识产权局提供的表格并支付规定的税费。

3. **版权**

科特迪瓦版权及相关权利的主管部门是科特迪瓦版权局，隶属科特迪瓦文化部。版权保护的有关法律为《关于保护版权和相关权利法（2016）》。以下原创作品经授权，可在科特迪瓦享有版权：（1）文学作品；（2）音乐作品；（3）视听作品；（4）表演艺术；（5）图形和造型艺术；（6）数据库。各类作品的保护期限具体见表4-15。

表4-15　各类作品的版权期限

作品类型	开始时间	保护期限
文学、音乐、艺术作品	创作完成	作者终生及死亡后70年
集体作品、视听作品	首次发表	70年
应用艺术作品	首次披露	25年
录音、录像制品上的表演	首次出版	50年
视听通信企业节目	首次播出	50年
数据库	首次开放	50年

资料来源：科特迪瓦《关于保护版权和相关权利法》。

4. **工业设计**

工业设计包含物体的装饰和美学设计，具体包括三维立体设计（如物体的形状或纹理）和二维平面设计（如图案、线条或颜色），适用于医疗器械、珠宝、家居用品、电器、车辆、建筑及纺织品等多种类型产品。

申请科特迪瓦注册的工业设计需满足新颖性、提供塑料模型、应用该设计的工业品具有新功能或外观。一经注册，申请人获得工业设计的所有权，可使用扣押和起诉等法律程序保护工业设计产权，权利保护范围包括非洲知识产权组织全部成员国以及非洲知识产权组织以外签署《关于工业设计国际存放的海牙协定》的成员国。工业设计初始保护期限为 5 年，可展期两次，每次有效期为 5 年，总计 15 年。

5. 地理标志

地理标志用于识别原产于某一特定地理区域的产品，产品应具有由该原产地带来的品质、声誉或特点，涵盖的品种包括农业、手工艺和工业产品。有权申请科特迪瓦地理标志的群体包括产品申请书标注的地理区域内从事生产活动的自然人、法人、生产者协会、消费者团体和主管当局。

十二、科特迪瓦对外国公司承包当地工程的规定

（一）许可制度

科特迪瓦在工程承包方面没有特别的限制和禁止规定，对外国公司和本国企业一视同仁。除了政府部门直属的一些预定项目需要取得许可证以外，一般都没有特别的许可证要求。

（二）禁止领域

科特迪瓦对外国承包商没有禁止的领域。

（三）基础设施 PPP 模式的规定

2011 年新政府上台后，科特迪瓦大力鼓励外资投资，积极推动 PPP 模式。2012 年，世界银行、国际货币基金组织、法国发展署更是联合举办了 PPP 模式的论坛，宣传和介绍该种模式的合作前景。

科特迪瓦政府给予的特许经营年限一般为 30 年，可根据项目具体内容延长。目前，已建成的 PPP 项目有法国公司承建的阿比让第三大桥项目，该项目由法国 Bolloré（波洛莱）集团融资建设，大桥横跨潟湖南北，解决了阿比让南北交通拥堵问题。该项目通过收取过桥费偿还企业投资成本，单次过桥费为 500 西非法郎/车，经营年限为 30 年。

由于政府财政问题，对于大部分大型的公共基础设施建设项目开发，科特迪瓦政府会优先考虑采用 PPP 模式。

十三、科特迪瓦对中国企业投资合作的保护政策

1. 中国与科特迪瓦签署双边投资保护协定

2002 年 9 月 30 日，中科两国政府签署了《中华人民共和国政府和科特迪瓦共和国政府关于鼓励促进和保护投资协定》。

2. 中国与科特迪瓦签署避免双重征税协定

截至 2023 年，中国与科特迪瓦尚未签署避免双重征税的协定。

3. 其他协定及发布的声明

1988 年 9 月 15 日，两国签署《中华人民共和国政府和科特迪瓦共和国政府科学技术合作协定》。

1996 年 7 月 8 日，两国签署《中华人民共和国政府和科特迪瓦共

和国政府贸易协定》。

2018年6月25日，两国签署《中华人民共和国政府和科特迪瓦共和国政府民用航空运输协定》。

2018年9月，两国签署《中华人民共和国政府和科特迪瓦共和国政府关于共同推进丝绸之路经济带和21世纪海上丝绸之路建设的谅解备忘录》。

2018年9月，两国签署《中华人民共和国政府与科特迪瓦共和国政府关于加强产能合作的框架协议》。

十四、在科特迪瓦解决纠纷的适用法律及主要途径

在科特迪瓦，解决经贸纠纷的主要方式是诉讼和仲裁。科特迪瓦阿比让商业法院和科特迪瓦仲裁法院分别负责处理商业诉讼和商业仲裁。科特迪瓦遵守非洲商法协调组织的公司法和仲裁程序。

（一）诉讼

1. 审级制度

在科特迪瓦，法院分为初审法院、上诉法院、最高法院和特别最高法庭四级。最高法院位于阿比让。

（1）初审法院。阿比让有3个初审法院，分别是阿比让高原一审法院、尤普贡一审法院、阿比让商业法院，其中阿比让商业法院于2012年成立，由科特迪瓦政府、世界银行、科特迪瓦工商会和科特迪瓦总联合会共同出资设立，专门负责处理合同纠纷和相关商业案件。

阿比让商业法院负责管辖的争议具体包括与非洲商法协调组织公司法规定的商人之间的承诺和交易有关的纠纷、商业公司或经济利益

集团合伙人之间的纠纷、与债权债务有关的集体诉讼等，此外，阿比让商业法院还负责管理商业和动产财产信贷登记册，在科特迪瓦注册公司均须于该法院登记。2019 年，阿比让商业法院非小额诉讼案件平均结案时间为 58 天，平均诉讼成本为 5. 48 万西非法郎；小额诉讼平均结案时间为 37 天，平均诉讼成本为 4. 5 万西非法郎。

（2）上诉法院。阿比让有两个上诉法院，分别是阿比让上诉法院和阿比让商业上诉法院，其中阿比让商业上诉法院于 2017 年成立，专门负责裁决经济纠纷案件。商业上诉法院设立 5 个法庭，分别负责受理商业公司、金融、工业、知识产权等不同领域的案件。

2. **民事诉讼程序**

科特迪瓦《民事、商业和行政诉讼法（1972）》规定了科特迪瓦民商事诉讼程序，该法共进行了 10 次修订和 11 次新增，最新一次修订时间为 2020 年。科特迪瓦民商事诉讼程序见表 4-16。

表 4-16　科特迪瓦民商事诉讼程序

关键程序	主要内容
庭前调查	（1）开庭前，预审法官对案件全面调查，调查完毕后发布结案令并确定开庭日期。 （2）发布结案令之前，当事人可以解释、改变诉求内容；在结案令之后，当事人不得新增任何陈述或提交新证据，但可撤回起诉。
代理和传唤	（1）当事人应选律师作为诉讼代理人，但有以下例外：自然人可由配偶和父母代理、合伙企业可由合伙人代理。 （2）除非当事人自愿出庭，应发送传票进行传唤。最晚在开庭前 8 天发出传票，如果被告住在另一个司法管辖区，该期限增加 15 天，如果住在国外，该期限增加 2 个月。

续 表

关键程序	主要内容
庭审和裁判	(1) 庭审公开。为维护公序良俗和家庭隐私，法院可依职权决定或应检察官或当事人要求不公开审理。 (2) 庭审可以在一方当事人缺席的情况下进行，当事人及律师在其提交的材料范围内答辩。 (3) 辩论结束后，法院立即秘密审议，应当庭宣读带有完整判决理由和结果的判决书，可推迟宣判，推迟期间法院不接受任何新证据或陈述；裁判必须在第一次开庭后 6 个月内作出，经法院院长授权，该期限可延长 1 个月。 (4) 公开宣告判决，除非法律规定秘密宣判。
上诉和执行	(1) 上诉的时限从判决书送达之日起算，期限为 1 个月，上诉期满后，判决书生效并可执行。 (2) 科特迪瓦法院作出的裁判文书在该国全境均有效力，申请执行的期间为 30 年。

资料来源：科特迪瓦《民事、商业和行政诉讼法》。

(二) 仲裁及其他争议解决方式

1. 仲裁

科特迪瓦仲裁法院由科特迪瓦工商会于 1997 年创立，是科特迪瓦解决国内外纠纷的非营利机构，旨在为科特迪瓦投资创造良好的司法环境。科特迪瓦仲裁法院提供包括仲裁、临时救济、加速债务追回、调解、“小型审判”和提供专业法律知识等法律服务。

科特迪瓦仲裁程序依据的主要法规为非洲商法协调组织《仲裁法(2017)》，出现商务纠纷时，如果双方未书面约定仲裁，必须事先进行协商解决；当协商无法解决时，可以申请仲裁，但双方应补充签署仲裁协议。科特迪瓦允许适用科特迪瓦国家法律的国际仲裁和异地仲裁，但是具体的仲裁方式以合同规定为准。科特迪瓦《国家法院干预仲裁程序（2012）》规定了国家法院对仲裁程序的干预，仲裁裁决不得上诉，但可以于裁决送达之日起1个月内向缔约国主管法院提起撤销仲裁裁决诉讼。

2. **调解**

科特迪瓦仲裁法院提供调解服务。科特迪瓦还设立了行政部门与私人间专门调解机构——科特迪瓦共和国调解员。科特迪瓦共和国调解员为法语国家监察员和调解员协会成员，是一个独立的机构，不依赖于行政部门或政府，旨在寻求友好解决公民与国家行政部门、地方当局、公共机构或任何其他承担公共服务使命的机构（社会机构、公共企业等）之间的争端，不干涉司法程序及法院判决。

科特迪瓦调解程序适用非洲商法协调组织《调解统一法（2017）》，该法将调解分为司法调解（调解人为国家法院）、协议调解（调解人为仲裁庭、主管政府部门或其他个人）两种类型。调解人可以是任何自然人或法人，由双方协商选择，也可选择专门提供调解服务的中心或机构。在被指定时和整个调解过程中，作为调解人的自然人或法人应报告任何可能影响其公正性或独立性的情况。

十五、在科特迪瓦投资注意事项

企业在进入科特迪瓦投资市场之前，需要进行市场调查，了解当地的市场需求和商机；在投资过程中需要确保所签订的合同和协议符合科特迪瓦的法律和监管制度；在招募和管理当地的员工时，需要考虑当地的就业法律和规定。总之，在科特迪瓦投资可以获得很多商业机会，但是需要进行充分的研究和准备，以确保投资合法有效，并获得更高的回报。

（一）境外投资

科特迪瓦投资环境总体较好，但仍存在一些不足：（1）轻工产品加工业薄弱，生活日用品主要依靠进口；（2）许多基础设施，尤其是民生工程亟待修缮；（3）日用消费品、建筑材料等价格昂贵（是中国的3~6倍）；（4）各种手续比较烦琐，一些机构办事效率有待提高；（5）税种繁多，税率较高。

中资企业来科特迪瓦开展投资合作前，应在经济、政治、资源、交通、人文、商品市场和原料市场等各方面进行充分调研，选准投资领域，选择恰当的市场切入点，从小到大，从少到多，循序渐进，尽量避免因政局变化和对市场预测偏差造成损失。

（二）对外承包工程

科特迪瓦承包工程市场比较规范，相关法律法规比较健全。大型公共工程项目进行公开招投标。工程监理、工程验收等方面都按程序进行。

在承包工程时应注意：

（1）投标前详细了解项目资金来源，尽量参加世界银行等国际金融机构提供资金项目的投标。

（2）遵纪守法，严格按照当地法律法规办事。

（3）正确处理与业主和监理方的关系，保证工程正常进行、资金及时到位，确保工程顺利验收、交接。

（4）强化管理，树立品牌。保质、保期、安全，扩大影响，树立良好企业形象。

（5）加强对当地劳务人员管理，建立沟通机制，避免劳资纠纷。

一旦发生劳资纠纷，做好协商解决，尽量避免通过打官司的方式来解决劳动纠纷问题。

（6）科特迪瓦当地失业率较高，政府希望外资企业重点吸纳本地员工就业。中资企业应适度考虑吸纳当地劳动力，做好培训和操作管理，促进经营本土化。

（7）科特迪瓦对环境保护比较重视，开展承包工程的中资企业应严格遵守当地环境保护和施工管理的相关规定，避免对环境产生过大影响。

（8）一些大型工程对当地社区影响较大，中资企业应做好与当地社区的沟通和交流，及时回应当地重大利益关切，学会与当地非政府组织和媒体打交道，及时正面宣传企业承建的工程，宣传工程对当地经济发展和就业的积极影响。

（三）对外劳务合作

科特迪瓦有劳动法，社会保障法规也较完善。企业雇用非科籍人员应报科特迪瓦劳动有关部门批准并一次性缴纳相关费用。中资企业应选派思想觉悟高、身体健康、吃苦耐劳、技术精通，并有一定的外语基础的劳务人员，同时切实保障劳务人员的合法权益，避免发生严重劳务纠纷。

中国劳务人员在科特迪瓦工作应做到：（1）按规定办理登记手续，办理居留签证以及相关工作证件；（2）遵守科特迪瓦有关法律法规，尊重当地风俗习惯，与当地人民和睦相处。

（四）防范投资合作风险

在科特迪瓦开展投资、贸易、承包工程和劳务合作的过程中，要特别注意事前调查、分析、评估相关风险，同时做好风险规避和管理工作，切实保障自身利益，包括对项目或贸易客户及相关方的资信调查和评估，对投资或承包工程国家的政治、局势、社会治安风险和商业风险的分析和规避，对项目本身实施的可行性分析等。建议相关企业积极利用保险、担保、银行等保险金融机构和其他专业风险管理机构的相关业务保障自身利益，包括贸易、投资、承包工程和劳务类信用保险、财产保险、人身安全保险等，银行的保理业务和福费廷业务，各类担保业务（政府担保、商业担保、保函）等。

如果在没有有效风险规避情况下发生了风险损失，也要根据损失情况尽快通过自身或相关手段追偿。

Chapter 5
第五章

工程项目投建营全生命周期中的合规要求

作为企业风险管理重要组成部分的项目合规管理，首先要识别合规义务，即合哪些规。企业应以适合其规模、复杂性、结构和运行的方式记录其合规义务。合规义务的来源包括合规要求和合规承诺。

1. **合规要求**

合规要求指企业必须遵守的外部各项法律法规、监管规定。

（1）境内经营：境内工程建设相关的法律、法规、部门规章。

（2）境外经营：强调所在国的法律法规、国际条约、规则等。强调对外承包工程相关的投标管理、合同管理、项目履约、劳工权利保护、环境保护、连带风险管理、债务管理、捐赠与赞助、反腐败、反贿赂等方面的要求。

2. **合规承诺**

合规承诺指企业自愿遵守的指引、合约、协议、内部章程、规定等。

按内容划分，合规义务又可以分为以下四类：

（1）法律、法规、规章、政策。

（2）行业协会等自律性组织的规范、标准、惯例等。

（3）公司章程及企业内部规章制度。

（4）诚实守信的职业道德。

我们按工程项目投建营全生命周期，梳理了各个阶段的合规要求。

一、第一阶段：项目前期论证

在科特迪瓦开展工程项目的投资、建设和运营势必需要严格遵守科特迪瓦关于投资、工程建设、环保、法律、税务等方面的要求和规定，是企业在科特迪瓦正常经营的前提，也是企业在科特迪瓦获得长期稳定发展的必要条件。

（一）中国境内合规要求

中资企业开展境外投资活动前，应当完成中国境内的核准、备案程序，避免出现境外工作完成后因境内合规问题导致投资失败的风险。

1. 中国境内相关政策法规

中资企业境外投资需要遵守的国内相关政策法规主要包括：国家发展改革委、商务部、国家外汇局、国务院国资委等部门制定的相关政策法规等，具体内容见表 5-1。

表 5-1　中资企业境外投资需要遵守的国内相关政策法规

序号	部门规章	发文机构	发布时间（年）
1	《境外投资管理办法》	商务部	2014
2	《企业境外投资管理办法》	国家发展改革委	2017
3	《境内机构境外直接投资外汇管理规定》	国家外汇局	2009
4	《关于境内居民通过特殊目的公司境外投融资及返程投资外汇管理有关问题的通知》	国家外汇局	2014
5	《关于进一步改进和调整资本项目外汇管理政策的通知》	国家外汇局	2014
6	《关于进一步简化和改进直接投资外汇管理政策的通知》	国家外汇局	2015
7	《关于驻外经商机构为企业办理对外承包工程项目投标（议标）核准意见的暂行规定》	商务部办公厅	2015
8	《关于进一步推进外汇管理改革完善真实合规性审核的通知》	国家外汇局	2017

续 表

序号	部门规章	发文机构	发布时间（年）
9	《中央企业境外投资监督管理办法》	国务院国资委	2017
10	《关于进一步引导和规范境外投资方向的指导意见》	国家发展改革委、商务部、人民银行、外交部	2017
11	《对外承包工程管理条例（2017 年修订）》	国务院	2017
12	《境外投资敏感行业目录（2018 年版）》	国家发展改革委	2018
13	《对外投资备案（核准）报告暂行办法》	商务部、人民银行、国务院国资委、银监会、证监会、保监会、国家外汇局	2018
14	《关于做好国内企业在境外投资开办企业（金融企业除外）核准初审取消后相关工作的通知》	商务部办公厅	2018
15	《对外投资备案（核准）报告实施规程》	商务部办公厅	2019
16	《关于加强疫情期间境外工程项目和在外人员统计的通知》	商务部办公厅	2020
17	《关于促进对外设计咨询高质量发展有关工作的通知》	商务部等 19 部门	2021
18	《对外投资合作绿色发展工作指引》	商务部、生态环境部	2021
19	《数字经济对外投资合作工作指引》	商务部、中央网信办、工业和信息化部	2021

续 表

序号	部门规章	发文机构	发布时间（年）
20	《对外承包工程业务统计调查制度》与《对外承包工程业务统计调查制度》（修订）	商务部	2022
21	《关于推进共建“一带一路”绿色发展的意见》	国家发展改革委、外交部、生态环境部、商务部	2022 年
22	《关于继续做好境外企业和对外投资联络服务平台相关工作的通知》	商务部	2023 年
23	《境外中资企业机构和人员安全管理指南》	商务部	2023 年
24	《对外承包工程项目备案和立项管理办法》	商务部	2024 年

点评：

法律法规动态更新，可通过我国商务部“走出去”公共服务平台（fec. mofcom. gov. cn）查看最新的政策法规。

2. 境内核准/备案流程及主要规定

（1）国家发展改革委相关规定。对敏感类项目实行核准管理，对非敏感类项目实行备案管理。具体见表 5-2。

表 5-2　国家发展改革委相关规定

项目分类	境内企业直接开展投资	境内企业通过其控制的境外企业开展投资	具体内容
敏感类项目	核准（国家发展改革委）	核准（国家发展改革委）	实行核准管理的，投资主体向核准机关提交项目申请报告并附具有关文件，项目申请报告应当包括以下内容：投资主体情况；项目情况，包括项目名称、投资目的地、主要内容和规模、中方投资额等；项目对我国国家利益和国家安全的影响分析；投资主体关于项目真实性的声明。 核准机关应当在收到项目申请报告之日起 5 个工作日内一次性告知投资主体需要补正的内容。核准机关应当在受理项目申请报告后 20 个工作日内作出是否予以核准的决定。项目情况复杂或需要征求有关单位意见的，经核准机关负责人批准，可以延长核准时限，但延长的核准时限不得超过 10 个工作日，并应当将延长时限的理由告知投资主体。符合核准条件的项目，核准机关应当予以核准，并向投资主体出具书面核准文件。

续 表

项目分类	境内企业直接开展投资	境内企业通过其控制的境外企业开展投资	具体内容
非敏感类项目	央企、大额：备案（国家发展改革委） 央企、非大额：备案（国家发展改革委）	央企、大额：报告（国家发展改革委） 央企、非大额：无须履行手续	实行备案管理的，投资主体通过网络系统向备案机关提交项目申请报告并附具有关文件。项目备案表或附件不齐全、项目备案表或附件不符合法定形式、项目不属于备案管理范围、项目不属于备案机关管理权限的，备案机关应当在收到项目备案表之日起5个工作日内一次性告知投资主体。备案机关在受理项目备案表之日起7个工作日内向投资主体出具备案通知书。
	非央企、大额：备案（国家发展改革委） 非央企、非大额：备案（省级发展和改革委）	非央企、大额：报告（国家发展改革委） 非央企、非大额：无须履行手续	投资主体通过其控制的境外企业开展大额非敏感类项目的，投资主体应当在项目实施前通过网络系统提交大额非敏感类项目情况报告表，将有关信息告知国家发展改革委。投资主体提交的大额非敏感类项目情况报告表内容不完整的，国家发展改革委应当在收到之日起5个工作日内一次性告知投资主体需要补正的内容。

上述表中的“敏感类项目”指涉及敏感国家和地区的项目和涉及敏感行业的项目。

“敏感国家和地区”指未与我国建交的国家和地区；发生战争、内乱的国家和地区；根据我国缔结或参加的国际条约、协定等，需要限制企业对其投资的国家和地区；其他敏感国家和地区。

“敏感行业”指由国家发展改革委发布的敏感行业目录（2018年

1 月 31 日发布）中涉及的行业，例如武器装备的研制生产维修、跨境水资源开发利用、新闻传媒、房地产业，根据我国法律法规和有关调控政策需要限制企业境外投资的行业等。

“大额”指中方投资额 3 亿美元及以上。

（2）商务部相关规定。2018 年 1 月 25 日，商务部、人民银行、国务院国资委、银监会、证监会、保监会、国家外汇局共同发布了《对外投资备案（核准）报告暂行办法》（商合发〔2018〕24 号），规定由商务部牵头对外投资备案（核准）报告信息统一汇总，各部门定期将备案（核准）信息和报告信息通报商务部，实行“备案为主、核准为辅”的管理方式。

2018 年 8 月和 2019 年 7 月，商务部分别出台《关于做好国内企业在境外投资开办企业（金融企业除外）核准初审取消后相关工作的通知》《对外投资备案（核准）报告实施规程》，明确了相关工作细则。

企业境外投资涉及敏感国家和地区、敏感行业的，实行核准管理。企业其他情形的境外投资，实行备案管理。实行核准管理的国家主要是未与中华人民共和国建交的国家、受联合国制裁的国家。必要时，商务部可另行公布其他实行核准管理的国家和地区的名单。实行核准管理的行业主要是涉及中华人民共和国限制出口的产品和技术的行业、影响一国（地区）以上利益的行业。

2024 年 5 月，商务部发布《对外承包工程项目备案和立项管理办法》（以下简称《办法》），于 2024 年 7 月 1 日起施行。《办法》旨在通过规范化管理，促进对外承包工程行业的健康发展，同时保障国家利益和企业权益。《办法》的核心内容包括：

①一般项目备案管理。在外交关系良好、安全风险低的国家承包的非多国利益项目，企业需在商务主管部门备案，并对信息负责。

②特定项目立项批准。在外交关系不良或风险高的国家的项目，以及涉及多国利益的项目，需商务部批准。

③项目信息报告。企业需定期向相关部门报告项目进展，并在突发事件发生时立即报告。

④业务分级管理。商务部负责全国管理，省级商务部门负责地方企业备案和监督。商务主管部门提供服务保障，支持合规经营，并对违规企业进行处罚。

（3）国家外汇管理局相关规定。银行按照国家外汇管理局《直接投资外汇业务操作指引》直接审核办理境外直接投资项下外汇登记，国家外汇管理局及其分支机构通过银行对直接投资外汇登记实施间接监管。详见表 5-3。

表 5-3 国家外汇管理局相关规定

分类	规定内容
境外直接投资前期费用登记	（1）境内机构（含境内企业、银行及非银行金融机构，下同）汇出境外的前期费用，累计汇出额原则上不超过 300 万美元且不超过中方投资总额的 15%。 （2）境内机构汇出境外的前期费用，应列入其境外直接投资总额。 （3）银行通过资本项目信息系统为境内机构办理前期费用登记手续后，境内机构凭《业务登记凭证》直接到银行办理后续资金购付汇手续。 申请材料： （1）《境外直接投资外汇登记业务申请表》。 （2）营业资质许可（尚未办理“五证合一”的企业，还需提供组织机构代码证）。 （3）境外投资资金来源证明、资金使用计划和董事会决议（或合伙人决议）、合同或其他真实性证明材料。

续 表

分类	规定内容
境外直接投资前期费用登记	注意： 境内机构为其境外分支、代表机构等非独立核算机构购买境外办公用房的，需提交以下材料： （1）《境外直接投资外汇登记业务申请表》。 （2）境外设立分支、代表机构等非独立核算机构的批准/备案文件或注册证明文件。 （3）境外购买办公用房合同或协议。 （4）其他真实性证明材料。
境内机构境外直接投资资金汇出	银行要求的审核材料主要有： （1）《境外直接投资外汇登记业务申请表》。 （2）营业资质许可或注册登记证明及组织机构代码证（多个境内机构共同实施一项境外直接投资的，应提交各境内机构的营业资质许可或注册登记证明及组织机构代码证）。 （3）非金融企业境外投资提供商务主管部门颁发的《企业境外投资证书》，金融机构境外投资提供相关金融主管部门对该项投资的批准文件或无异议函。 （4）境外投资资金来源证明、资金使用计划和董事会决议（或合伙人决议）、合同或其他真实性证明材料。 （5）外国投资者以境外股权并购境内公司导致境内公司或其股东持有境外公司股权的，另需提供加注的外商投资企业批准证书和加注的外商投资企业营业资质许可。 （6）其他真实性证明材料。

点评：

企业开展对外投资之前，应针对具体投资项目向各部门确认具体流程及要求。同时，国家对于境外投资行业的政策可能随时变化，因此，投资者应当关注我国针对具体行业的境外投资政策，特别是敏感行业或国家战略不支持的行业的政策变动，及时向相关部门咨询、核实。

（二）科特迪瓦工程建设行业相关法律法规

科特迪瓦没有专门适用于国际工程承包的法律规则，其对国际工程承包法律关系的调整主要由国内一些相关法律来进行。根据科特迪瓦现行法律，对外国承包商在科特迪瓦从事工程承包进行调整的法律法规主要有：《投资法（2018）》《投资法实施细则（2018）》《公共采购法（2019）》《建筑许可条例（2019）》《可持续发展指导法（2014）》《环境法（1996）》《劳动法（2015）》《土地法（1998）》《采矿法（2014）》《石油法（1996）》等。

以上法律法规和规范都与科特迪瓦工程建设行业相关，文件可在科特迪瓦国家法律文献中心（https：//www. cndj. ci/）查询下载，建议在实际操作中仔细了解和遵守。

在遵守上述法规同时，还需要注意科特迪瓦当地的文化礼仪、宗教习俗和商业伦理等方面，以确保企业或项目在当地的合规经营和可持续发展。

（三）前期论证各子阶段

1. 投资机会研究

（1）投资机会研究方法。

第一步是制定对外投资战略。必须明确对外投资应实现的战略目标，首先需初步确定投资地与投资行业。

第二步是投资环境分析。必须去研究目标投资地的政治、经济、法律体系和税制、行业发展情况、劳动力市场与重大风险因素等内容。

第三步是制定市场进入战略。需要确定投资的方式，例如参股、合资投资等，并且制订市场进入战略与行动计划。

（2）科特迪瓦承包市场分析。

①中国在科特迪瓦工程承包的总体情况。中国与科特迪瓦于 1983 年正式建交，在两国政府积极推动下，中科友好关系稳定健康发展，经贸互利合作不断扩大。近年来，中科经贸合作不断深入，双边贸易额稳步增长，中国目前是科特迪瓦第一大进口商品来源国及第三大贸易伙伴国，也是其最主要的融资来源国、工程承包方。

得益于“一带一路”倡议的推进落实，中国对外承包工程行业保持了较快的增长速度。科特迪瓦是西非地区大国，是撒哈拉以南非洲法语国家第一大经济体，也是中国在西非地区的重点市场。

截至 2023 年 1 月，有 5000 左右中国人居住在科特迪瓦，主要集中在阿比让、亚穆苏克罗、布瓦凯、戈霍戈等主要城市。有 50 多家中资企业，中资企业员工大约有 2000 人。中资企业主要是工程承包类，目前有 26 家；投资类的有 3 家，分别是中国地质矿业总公司、信誉水泥厂、中化集团控股的橡胶种植园和加工企业。

目前，中资企业在科特迪瓦通信、交通、电力等基础设施领域承揽了一批有影响的项目，并在资源开发合作、农业合作领域积极开展对科投资。随着中科在经贸领域的合作不断深化，越来越多的中资企业赴科寻找投资机会。

科特迪瓦业务规模比较大的中国企业有：华为技术有限公司、中国地质矿业总公司、中国港湾有限责任公司、中国水利水电建设集团、中国河南国际合作有限公司、中国机械工业集团有限公司、中国地质集团有限公司、中国路桥工程有限责任公司、中国建筑集团有限公司、中国土木工程集团有限公司等。

我国企业在科特迪瓦承建的项目融资类型主要以“两优”和商业

贷款为主，项目建设类型以“EPC+F”（设计-采购-施工+融资）和现汇为主，涵盖电力、交通、通信等基础设施领域，主要项目包括苏布雷水电站项目、阿比让港口改扩建项目、国家电网改造和发展项目、圣佩德罗体育场项目和科霍戈体育场项目等。中资企业在现汇项目领域取得较快发展，先后中标了阿比让第四桥项目、阿比让科科迪斜拉桥项目等重大项目。

②科特迪瓦工程承包市场分析。科特迪瓦对能源和基础设施建设的迫切需要为我国工程承包企业开拓市场提供了机遇，随着技术的发展和工程要求的提高，目前普遍采用的单一的工程承包、“EPC+F”等模式已不能满足企业进一步发展的要求，要在竞争中求得生存和发展，必须创新商业模式，从单纯的施工建设向生产型、能源型项目转变，加强与产业链上下游企业以及不同产业间企业的跨界和创新合作，加强与金融、保险、咨询等第三方服务机构的紧密合作，协同“走出去”，推动投资-建设-运营一体化，通过增加项目本身的附加值实现可持续发展，适应未来来自市场和行业发展的挑战。结合科特迪瓦的实际情况，工程承包企业可以在现有项目基础上通过开放合作和产融结合，加强与金融机构、发展基金的跨界合作，打造发展共同体，建设工业合作园区。

受经济和人口增长刺激，以及政府力求打造区域供电枢纽的战略考量相关因素带动，未来科特迪瓦在提高发电能力方面具有较强动力，其中太阳能发电市场投资机会较多。交通方面，科特迪瓦政府积极推动交通多元均衡发展，铁路、公路建设取得突出进展。另外，科特迪瓦水资源短缺风险较高，未来海水淡化以及污水、废水处理等领域蕴藏较大市场机遇。

[**案例** 5-1]

科特迪瓦圣佩德罗体育场由中国土木工程集团有限公司（以下简称中国土木）承建，总建筑面积 2.4 万平方米，可容纳 2 万名观众观看比赛，是 2024 年第 34 届非洲杯足球比赛的主要体育场馆之一。

基于强烈的承办赛事意愿和非洲国家相对受限的经济财政状况之间的矛盾，科特迪瓦政府以创新方式发起了此次基础设施国际招标，具体包括“融资+设计+施工+运营维护”4 项工作。

中国土木充分动用总包资源整合能力，在中国工商银行的支持下，协助科特迪瓦政府落实了项目融资，并以高标准的设计和施工完成了项目。中国土木将负责项目的运营维护工作，直至非洲杯赛事结束。

2. **初步可行性研究**

当企业确定投资领域，获得投资项目清单后，需要进行初步可行性研究来进一步确定拟投资的项目。

初步可行性研究是指在项目意向经过投资机构研究认为具有投资的可能性后，进一步对拟建项目建议进行粗略的技术经济分析，以确定投资机会是否具有可行性，项目范围是否值得通过进一步的可行性研究进行详细分析，是否有一些方面对它的可行性是关键性的，并且有必要通过职能研究或辅助研究（如市场研究、实验室试验、中间试验等）进行深入调查，甚至根据初步可行性研究的结论就可作出投资决策。

对科特迪瓦投资初步可行性研究，应重点关注项目细分市场需求情况，从政府政策及相关风险方面、市场竞争价格、物资与劳动力获取、施工技术等方面进行分析。

[案例 5-2]

科特迪瓦农业产业化项目可行性研究案例（节选）

项目拟建地点位于科特迪瓦 Gohrogo 和 Yamussolikro 地区。

科特迪瓦地处西非，农业是科特迪瓦经济基础。农产品加工业是主要工业部门，其次是棉纺织业、炼油、化工、建材和木材加工工业。科特迪瓦有专门的投资法，对农业、畜牧业和渔业的投资优惠。充分利用科特迪瓦得天独厚的资源，建立酿酒高粱、棉花和牛羊产业化基地前景广阔。

项目建成后将提升科特迪瓦农业产业化水平，可大面积提高当地人员种植棉花的技术能力，每公顷产量由 2 吨提高到 4.5 吨；可改善科特迪瓦农业种植结构，推动科特迪瓦农业产业的快速发展。项目的建设既符合国家政策的要求，又符合科特迪瓦本地实际，具有良好的经济效益和社会效益。

3. 可行性研究

确定拟投资项目后，企业需要开展可行性研究。除财务可行性调研外，境外投资前期调研还应包括投资必要性、技术可行性、组织可行性、经济可行性等调研。

（1）可行性研究框架。

一是投资必要性。根据市场调查及预测的结果、有关产业政策等因素，论证项目投资建设的必要性。在投资必要性的论证上，一是做好投资环境分析，对构成投资环境的各种要素进行全面的分析论证；二是做好市场研究，包括市场供求预测、竞争力分析、价格分析、市场细分、定位及营销策略论证等。

二是技术可行性。应从项目实施角度，合理设计技术方案，并进行比选和评价。各行业不同项目技术可行性的研究内容及深度差别较大。工业项目可行性研究的技术论证应达到能明确列出设备清单的深度；非工业项目可行性研究的技术论证应达到工程方案初步设计的标准，以便与国际惯例接轨。

[案例 5-3]

科特迪瓦阿比让港是天然的有良好掩护条件的深水港，为西非重要港口，位于埃布里耶潟湖内，该港的进港航道弗里迪运河是港区内部与大西洋连接的唯一通道。

弗里迪运河航道疏浚是科特迪瓦阿比让港口扩建工程项目的一个分项工程。在弗里迪运河航道疏浚分项工程施工过程中，项目部结合运河底管线分布不明、运河通航施工干扰较大、海况恶劣导致水流条件复杂、混合土质开挖难度大等复杂工况特点，进行深入研究分析，通过开挖“V 形”探槽排除管线影响，通过合理配置耙吸船和抓斗船的施工设备组合并采用合适施工工艺，同时采取建立通航协调机制、施工船舶改造、封航施工、分段施工等安全技术措施，最终顺利完成了航道疏浚施工任务，攻克了项目施工难点，使得项目有序推进并顺利通过业主验收。弗里迪运河航道疏浚分项工程的成功实施，为国内外类似复杂工况的港口改扩建项目的航道疏浚施工提供参考案例，具有较大的现实推广意义。

三是组织可行性。制订合理的项目实施进度计划，设计合理的组织架构，选择经验丰富的管理人员，构建良好的协作关系，制订合适的培训计划等，以确保项目顺利执行。

[案例 5-4]

科特迪瓦农业产业化项目可行性研究案例（节选）

科特迪瓦农业产业化项目部结合当地实际情况，实行法人负责制，下设综合办公室、项目建设部、项目招商部、财务融资部、人力资源信息部等工作机构。同时基地将成立由专家学者、管理经验丰富的企业家代表等组成的指导委员会，对基地发展的重大决策进行咨询和审定，提高科学决策、民主决策的能力和水平。

四是经济可行性。从资源配置的角度衡量项目的价值，评价项目在实现区域经济发展、有效配置资源、增加供应、创造就业、改善环境等方面的效益。

［案例 5-5］

科特迪瓦农业产业化项目可行性研究案例（节选）

科特迪瓦农业产业化项目总投资 20187.48 万美元，运营期间年均投入总成本费用 10075.17 万美元。建成投产后正常年可实现营业收入 13500.00 万美元，所得税 888.90 万美元，税后净利润 2758.15 万美元。

项目投资融资前，税前财务内部收益率 22.13%，财务净现值 27456.51 万美元，投资回收期 6.20 年，表明项目基本面良好。

偿还建设投资贷款期间，利息备付率 8.65%～5.36%，偿债备付率 3.22%～0.48%，高于行业最低可接受值，说明利用债务资金进行生产经营活动的能力较强，债权人风险较低。运营期间资产负债率、流动比率、速动比率等主要比率性指标基本保持在符合本项目情况的合理区间，项目实施后企业财务状况良好。

从财务角度对技术方案进行评价，本项目是可行的，建议业主采取积极的投资战略。

五是社会可行性。分析项目对当地社会的影响，包括经济发展、就业增加、法律道德、宗教民族、妇女儿童及社会稳定性等。

六是风险因素及对策。对项目的市场风险、技术风险、财务风险、组织风险、法律风险、经济及社会风险等进行全面评价，制定能规避风险的对策。在科特迪瓦开展投资、贸易、承包工程和劳务合作过程中，需特别注意在事前调查、分析、评估相关风险，事中做好风险防控等工作。

可行性研究评估报告框架如表 5-4 所示。

表 5-4　境外投资项目可行性评估报告框架（参考）

1. 总论	5. 项目经济效益估算
2. 项目实施必要性分析	5.1 投资估算依据
2.1 项目宏观背景	5.2 项目总投资估算
2.1.1 宏观政经概况	5.3 项目收益估算
2.1.2 宏观政经形势判断	5.4 财务评价
2.2 项目必要性	6. 项目组织机构与运作模式
2.3 项目必要性结论	7. 项目实施进度方案
3. 项目实施可行性分析	8. 风险与规避措施
3.1 宏观政治经济条件对项目形成有力支撑	8.1 风险因素识别
3.2 地区产业经济环境有利于项目实施开展	8.2 风险影响程度评价
3.3 项目拟选址已初步具备项目实施条件	8.3 风险规避措施
3.4 结论	9. 结论与建议
4. 项目实施方案	9.1 可行性研究结论
4.1 建设规模与内容	9.2 项目实施关键建议
4.2 产品方案与产值预测	9.3 专家意见
4.3 项目技术方案	—

（2）可行性研究应关注事项。

在编制可研报告时候，特别需要注意以下方面：

①做好尽职调查。对拟投资的项目展开全方位的尽职调查工作，包括财务尽职调查、商业运营尽职调查、税务尽职调查和法律尽职调查。

②确定交易价格范围。对投资项目全方位的财务测算，对宏观参数、政策变化、关键财务指标等因素进行敏感度分析，确定交易的价格范围。

③制定融资方案。明确融资需求，拓展融资渠道，合计融资结构，并制订资金安排计划。

④税务架构设计。进行供应链筹划并开始税务架构的设计。

4. 项目评估及决策

根据可行性研究报告内容，决策层决定投资后，还需要进一步做好相应的评估，作出最终决策。相关建议如下：

（1）制定交易执行策略。综合考虑项目尽职调查工作发现、分析结果、融资需求等因素，并制定交易执行的策略，还需明确项目退出机制。

（2）商业谈判。明确谈判的要点，制定谈判策略和原则、交易保护条款；就项目运营控制权达成一致，明确公司的治理相关事宜。

（3）相关部门审批。开始境内审批流程（商务部、国家外汇管理局等）以及境外审批流程。

（4）新建项目。工程项目策划、管理、协调以及相关咨询服务。

（5）建立风险管理体系。制定海外风险管理的相关政策和流程，建立公司海外风险监控体系，包括境外投资项目风险跟踪与内部审计等内容。

（6）完善与优化海外运营体系。设计与优化海外控股公司的管理模式与组织架构，明确业务活动的职能与授权体系，挖掘境外业务的协同效应。

（7）财务、税务、审计和法务相关工作，具体如下。

①制订财务管理的目标与工作计划，建立与完善海外财务管控体

系。②税务合规、税务优化、税务争议解决、转让定价、应对海关质疑及合规性管理等。③准则差异分析和准则转换规划、定期上报财务报表、海外业务专项检查或审计、海外业务升级和资产证券化相关审计。④项目运营相关法务工作。

(8) 人力资源管理相关工作。海外业务人力资源相关的管理工作，包括组织结构调整和岗位设计、能力评估、绩效考核和薪酬福利、个税申报、节税筹划。

二、第二阶段：建设准备

（一）工程合同

1. 工程合同的作用与意义

合同是交易参与方之间权利、义务和责任及风险分配载体，是当事人之间的“法律”，境外商事主体都十分重视交易文件，特别是合同文件的起草和谈判工作，做到交易文件的严谨、规范，保护己方利益。相对来说，我国企业对于交易文件的设计和管理较为粗放，对合理利益的争取力度不够，所面临的合同风险更大。

在签订合同的时候，如招标文件中没有相关约定，中企特别需要慎重考虑所签合同模板的选择。一般在国外签订工程合同，合同示范文本一般来自三个方面：第一，国际上的通用合同示范文本，如国际咨询工程师联合会（FIDIC）公布的合同；第二，中国自己的工程合同示范文本；第三，所在国，包括业主方自行制定的工程合同示范文本。

点评：

中资企业赴科特迪瓦承包工程必须全面了解相关的法律法规，并严格遵守。在实际操作过程中重视合同签订，明确双方的权利义务，工程建设的工作范围及标准、质量、工期、合同形式及货币、支付方式及付款条件、保函要求、误期罚款、性能指标罚款、税收、保险、设备材料的交货方式、劳务国籍限制、产品标准认证等重要条款，严格按合同条款办事。如对方违反合同条款，应利用相关法律法规维护自身合法利益。

在进行国际合同评审时，须组建专业的合同评审小组，从头到尾仔细审核合同所有的相关条款及所有附件，避免遗漏任何潜在的风险。尤其是大多数国际合同签订所使用的语言为业主所在国家的语言，尽可能地用原合同版本语言进行逐条解析和评审，确认无误后再进行合同的翻译。在聘请专业翻译公司或者专业翻译人员翻译时，必须配备懂专业的技术、法律等相关人员进行配合，不仅要避免在翻译过程中由于懂语言不懂技术产生较大的歧义，也要避免由于不同语种语言对于专业词语定义范围的不同产生纠纷。

针对合同金额较大的国际 EPC（设计–采购–施工总承包模式）项目，各经营单位应合理评估自身管理水平，必要时可外聘具备充足海外经验的国内律所或项目所在国的当地律所，协助参与合同文本的评审，以提高评审效果。

中国对外承包工程商会为规范国际承包工程项目中中国企业间分包合同，合理分配风险，维护当事人的合法权益，于 2019 年制定了《国际工程分包合同示范文本（2019 年第 1 版）》，供中国总承包工程企业与中国分包工程施工企业、设计咨询公司、安装工程企业、设备和材料供货商在国际承包工程项目中使用。具体包括：

- 《施工分包合同条件（适用于单价分包合同）》；
- 《施工分包合同条件（适用于总价分包合同）》；
- 《安装分包合同条件》；
- 《设计分包合同条件》；
- 《采购合同条件》。

2. 科特迪瓦工程承包合同

科特迪瓦工程承包市场相对成熟，项目建设方式多样，有现汇项目、"EPC+F"、PPP 等。科特迪瓦《公共采购法》主要规定了两类工程标准合同，一类是工程总承包合同，即业主委托承包商承担设计和建造建筑物或基础设施的合同，需包含草图研究、项目研究、协助业主完成工程合同签订并提供复杂设备和技术、指导监督工程的实施、施工现场的指导和调度、协助业主完成工程验收等；另一类是服务管理和维护合同，合同签订方按照规定的标准，提供标的基础设施的管理和维护服务。在科特迪瓦开展的国际工程项目一般采用 2017 版 FIDIC 的 EPC 交钥匙工程合同范式。

（二）对外承包工程资质及工程许可

1. 中国对外承包工程资质

现在我国对外承包工程的相关国家规定是《对外承包工程管理条例》（2017 年修订版）。修订版中将原来《对外承包工程管理条例》第二章"对外承包工程资格"全部删除。这意味着民营建筑企业与央企一样，不再受对外承包工程资质的限制。

根据 2017 年修订的《对外承包工程管理条例》第十六条规定，对外承包工程的单位与境外工程项目发包人订立合同后，应当及时向中国驻该工程项目所在国使馆（领馆）报告。

根据对外承包工程项目备案管理规定，在境外工程项目投（议）标前，中企需要向国内商务主管部门（中国驻科特迪瓦大使馆经商处 http：//ci. mofcom. gov. cn）办理项目备案手续；在订立合同后，及时向中国驻科特迪瓦大使馆经商处报告。报告需书面提交项目具体信息，包括但不限于项目名称、金额、资金来源、业主、地点、签约日期、开工日期、工期、项目内容、中外员工数量等，并附《对外承包工程项目备案表》，对于未按规定进行报告的，记入负面清单。

2. **科特迪瓦工程许可**

科特迪瓦于 2016 年创建了建筑许可证一站式办理窗口，在阿比让设总办公室，在其他地区设立办事处。科特迪瓦《建筑许可条例》规定，在科特迪瓦修建新建筑，改造现有建筑使其功能、外观、内部结构改变，均需要取得建筑许可证。建筑许可证一站式办理窗口负责建筑许可证的发放。获得许可证需满足主管当局制定的城市规划、卫生、公共安全等方面的管理规定。许可证在签发 1 年内未施工或施工中断超过 1 年即失效。

工程竣工后需取得合格证书。在施工期间，业主方的咨询工程师（类似于国内的工程监理，以下简称咨工）和质量控制办公室将对工程进行检查，验证建设工程满足建设计划和相关规定后，发放正确执行工作的证书，该证书是获得合格证书的条件；竣工后，建筑许可证一站式办理窗口检查建设是否符合批准的计划和法规，并决定是否颁发合格证书，15 天监管期后，无答复视为合格。

《采矿法》第五条规定，任何自然人或法人，不论是科特迪瓦国民还是外国国民，均可在科特迪瓦境内从事该法规定的活动，但必须事先获得采矿许可证。

换取采矿许可证的条件是向科特迪瓦政府分配矿山公司资本的10%，在增资的情况下，国家无须进行财政捐助即可维持10%的资本份额。在勘探前，必须提交环境影响报告书，报告书应包括环境和社会影响管理计划、场地恢复计划及其预计成本等。科特迪瓦采矿许可证类型如表5-5所示。

表5-5 科特迪瓦《采矿法》规定的采矿许可证类型

序号	采矿许可证类型	发放条件
1	工业化	颁发给持有勘探许可证的自然人或法人代表。
2	半工业化	仅颁发给科籍公民、科籍合伙人占多数的合伙企业或科方控股的中小企业。
3	手工	仅颁发给科籍公民或科籍合伙人占多数的合伙企业，不颁发给任何形式的外资企业或合资企业。

资料来源：科特迪瓦《采矿法》。

（三）工程保险

科特迪瓦曾为法属殖民地，自独立后于1960年8月7日在法国法律的基础上，衍生出一套新的法典，自此两者结合组成科特迪瓦的法律体系。其中，保险法以法国法律为主。

与法语国家签订合同时，业主往往会要求使用一套以世界银行为主体衍生、同时适用法国法律的通用行政条款体系。在保险这一章节里，业主通常会要求工程承包商出具十年责任险。

十年责任险的中文全称为“十年民事责任保险”，该保险由承包商自缺陷责任通知期结束后提交给业主，但一般在合同签订阶段就约定承保该险种，并在开工时把承诺购买该保险的证明文件提交给业主。十年责任险的目的是，保障承建的主体结构在保险期限内发生因结构的内在缺陷而导致质量问题或事故时，承包商能够承担修复该构筑物损坏的责任及相关后果。投保范围限于工程施工过程中形成的构筑物，如合同范围内的房屋、桥梁、隧道等工程结构的稳定性及可靠性的毁损修复。

十年责任险的保障期限一般为十年，应从业主正式接收工程的那一天开始计算。保险期限内，业主发现构筑物中出现缺陷，可要求承包商对该部分进行修复。工程设备一切险、第三方责任险等险种从开工日期起计算，覆盖全工程生命周期；而十年责任险则是从最终接收后生效（法语国家的工程周期是临时验收通过后进入质保期，而质保期结束后才进入最终接收，所以此时代表工程已被业主认可），所以其考虑更多的是合同相关义务履行结束后的问题。

[**案例** 5-6]

由于开拓西非业务时间不长，对十年责任险的费用及用途不甚了解，中国港湾西部非洲区域公司在与有些业主谈判的过程中，充分表明对工程移交后十年内出现的结构问题承担责任，以避免办理十年责任险，且最终业主表示能够理解。比如在与科特迪瓦圣佩德罗港务局的合同特殊条款谈判过程，该公司以在 FIDIC 的 EPC 合同特殊条款“11.10 未履行的义务”中增加如下内容以置换十年责任险：“业主最终接收工程后，承包商保证工程中的结构物在未来十年内的稳定性。在这段时间内，如果结构出现缺陷，且该缺陷证明是承包商的责任，则承包商承担修复的全部责任”。

[**案例** 5-7]

在绝大多数情况下，由于法语国家法律条款的严格规定限制，且与业主的沟通并非一帆风顺，在科中资企业不得不同意办理十年责任险。比如中国港湾西部非洲区域公司与业主签署的科特迪瓦奥迭内北部公路项目合同，其中的特殊条款“7.3.5 十年责任险”作出如下要求：“根据科特迪瓦国家保险法相关规定，承包商须为签署合同的工程中可能出现的影响结构物的稳定性、密封性或使用功能的缺陷办理十年责任险。因此，承包商须自费在科特迪瓦境内找寻合适的认证公司为该部分结构物办理十年责任险。最低投保金额为结构物价值的100%；而该部分可能对第三方造成的风险，投保金额则为该部分价值的115%。因此，在开工日期的15天内，承包商须向业主代表提供保险公司提供的证明书等支撑文件。业主代表最终接收后，十年责任保险合同生效。认证公司在工程中提出的所有额外试验导致的费用由承包商承担。注：承包商资金用途中应包含该十年责任险。”

业主提出该条款的原因是，在该道路项目中，有两座人行桥，而桥、箱涵等属于结构物。因此，在与业主签订合同后，中方着手联系科特迪瓦当地保险公司进行十年责任险咨询。针对保险公司进行市场调研并获得相关资讯。首先，十年责任险的范围是对结构物进行投保，包括其稳定性、密封性、使用功能等，但不包括美观性。承包商须向保险公司提供工程的相关资料，比如(1) 承包商的地址、资质，以及参与工程的其余角色，如业主、咨询工程师、分包等；(2) 工程资料，如工程性质、地址等；(3) 对投保结构物价格的预估；(4) 拟定的开工日期；(5) 第三方咨询公司的选定；(6) 是否额外保险，如密封性、重新评估等；(7) 对灾害的定义及赔偿等级划分；(8) 技术资料，如结构剖立面图、主施工图、地质报告、咨询公司的风险报告等。

点评：

基于上述第（5）条，由于十年责任险的价格不是保险公司和承包商能够决定的，所以需要引入一个介于保险公司、承包商之间的第三方工程咨询公司。该咨询公司一般为设计院，可由保险公司推荐，承包商自主选择，双方商议后最终决定并定义其权责范围。第三方咨询公司会在开工后介入，对工程的施工工艺、施工图、技术方案等各类文件进行评估，对施工过程进行监督，并对工程竣工、验收等进行现场监督。因此在开工前，承包商须自费向咨询公司、保险公司提供成套施工设计资料，以及后续补充说明文件等。开工后，承包商须允许咨询公司代表进入施工现场及预制厂以供其审查，并且至少在工程移交前15天内通知咨询公司，并在移交后一个月内提交保险公司一份最终报告。

与此同时，咨询公司会根据承包商在开工时提交的资料，进行现场调研，并在开工后三个月内向保险公司提交一份风险报告。并且在整个工程期内，接受保险公司的咨询，并提供必要的支持。在正式签署十年责任险合同时，咨询公司会向承包商出具一份报告，该报告涵盖工程在未来可能出现的一切风险，且咨询公司有义务提示保险公司：（1）在实施合同中，承包商的一切违约行为；（2）最终接收日期；（3）最终报告等。

需要特别注意的是十年责任险价格的问题，由于十年责任险的生效条件是工程最终验收后，所以实际签署日期是在最终验收期间。在开工时，承包商仅能提交业主一份由保险公司出具的承诺书，允诺该保险公司会在未来与承包商签署合同并对该部分结构物进行保险。此外，保险公司不能单独决定该十年责任险的价格，主要是由咨询公司评估移交的结构物范围及风险后进行定价。

投保金额等同结构物实际价格，保险合同金额为结构物实际价格的10%左右。

十年责任险作为法语国家的特色险种，旨在保障用户使用体验、规避重大结构风险，同时对承包商的设计、施工质量提出更高要求。因此，承包商只有在设计、采购、施工过程中，完善并提高自己的业务能力及操作水平，才能最大限度避免结构风险的发生，在法语国家市场中开辟属于自己的领地。

（四）工程规范和设计标准

科特迪瓦工程项目主要遵照合同技术规范书执行。科特迪瓦为法兰西共同体成员国，同时其国内工程项目建设参考法标体系，如工程项目的护栏、标志牌等大多采用法国标准。部分建设标准参考国际通用标准，如输变电项目相关设备大多参照国际电工委员会（IEC）标准。

[**案例**5-8]

西非公路项目位于科特迪瓦西北部的Dengu 616区，由两条主线及三条连接线组成，主线基本沿A7国道、B319省道旧路走向，其中A7国道连接奥迭内市与马里边境，B319省道连接奥迭内与几内亚边境。该项目是马里、几内亚连接科特迪瓦北方的中西部与西南部地区的交通要道，是西非国家经济共同体公路网的重要部分，是马里和几内亚等国家通往科特迪瓦出海口的重要通道。该项目的建设为马里、几内亚到圣佩德罗港提供了一条畅通的道路并缩短了运输距离，也给其他相邻国家进入科特迪瓦生产大区提供了便利条件，有助于西非国家经济共同体内部人员流动和物资运输。

该项目路线设计主要参照依据为法国交通和旅游设施部1994年8月出版的《法国干线公路规划》。

点评：

通过对《法国干线公路规划》的分析，并与国内设计思路进行对比，得出以下结论。

（1）西非法语区高等级公路建设目前尚处于成长阶段，技术标准对法标倚重较多，实际设计中，除对规范的完全执行外，科特迪瓦监理对填挖平衡严格要求，即考虑项目计价方最小的方案往往会成为最优方案。

（2）路线平面设计中，科特迪瓦监理要求构造物布设尽量位于直线段，以方便施工，严格控制沿线构造物数量，以降低工程量。

（3）由于项目处于广阔的丘陵地带，纵面设计时，纵坡应均匀、平缓。在满足规范的前提下，应尽量采用平缓的纵坡，保证行车的安全性与舒适性。同时道路所处区域降雨较多，为保证道路安全，满足涵洞处控制标高等要求，在APD（初步草案确定研究）纵面基础上进行了调整，在减少雨水对道路影响的同时，尽可能有效降低工程规模。

（4）随着西非地区的经济社会发展，法国标准的设计原理已不能完全适应其实际需要。勘察设计阶段需要与现场监理就项目特点结合丰富设计理念，提出优化的思路，以使服务水平向着更高层次进步。

（五）工程项目设计与项目计划

工程设计成果直接决定着项目约80%的成本，而且设计又位于项目执行的最前沿，其重要意义不言而喻。伴随着我国企业逐步走向海外，企业自身设计管理存在的问题日益凸显，设计图审批往往会遇到技术标准不统一、设计理念不一致、计算参数选择理解不一样等诸多问题，必然会导致设计进度大大延误。设计管理在整个工程建设环节中起着至关重要的作用。

在科特迪瓦承包工程，开展设计时需要：

第一，事前了解科特迪瓦的相关设计规定和标准，明确设计规范，在合同谈判阶段尽可能争取中方熟悉的设计标准。拟采用的设计标准和规范，应在合同文件中明确规定，并且要就标准的版本、技术清单与业主方进行沟通确认。如果合同文件中没有相应的标准、规范清单，则应在设计正式启动前，由项目公司/项目部组织编制一份设计采用的标准、规范清单，并送业主确认后发布执行。

点评：

科特迪瓦地区主要采用法标、欧标及科方技术规格书进行工程实体质量监控，通过以上标准设定进场验收指标、检测频率、允许偏差等相应指标。在设计阶段，设计单位和技术部门要充分结合验收标准逐一确认，进行严格的图纸会审说明，约束和明确相应指标，以免后续烦琐的索赔事情发生。

一旦出现“技术问题商务解决或商务问题技术解决”的情况，会较大程度上影响项目的顺利推进。在图纸说明或技术规格书中，未明确的验收指标可通过 CGS（一般承办商申请表）表格认证，逐一与总监商谈、确认，以便明确施工主线和标准。在合同中出现的“以现场咨工判定为准”的字样，一定要通过表格完成认证，以便后续项目的标准化、程序化施工管控。

[案例 5-9]

由某中资企业承建的科特迪瓦 PK24 工业园项目主要内容为园区及园区外公共部分土地整治，包括道路工程、排水工程、污水工程、输变电工程和通信工程等。

该项目的设计以法国标准为主，以当地标准和惯例为辅，项目总工期 18 个月。由于项目工期紧，中国设计团队对法国标准和当地标准和惯例不熟悉，因此，中国设计团队单独做设计的风险较大。通过对当地设计资源进行调查，发现项目所在地有一定设计资源，但大多数工作效率不高，若设计分包选择不当，设计容易失控。综合考虑，该项目决定由承包商牵头设计管理和优化，设计采取以中国设计团队为主，当地设计资源为辅的管理模式。中国设计团队分现场设计团队和国内设计团队，现场设计团队主要负责设计沟通，国内设计团队负责设计文件的编制。

点评：

充分了解 EN、BS、ASTM 等各种国际标准是开展国际工程业务的设计人员必须具备的基本能力，只有熟悉和精通各种国际标准与各标准之间的差异，才能在与业主的沟通和交流中获得尊重，也才能根据需要选择对项目更有利的标准来开展设计工作。

第二，业主的要求和现场资料是开展设计的基础。在开展设计前，务必做好设计前的调查，确保相关资料的准确、完整。

[案例 5-10]

中国港湾西部非洲区域公司承建的科特迪瓦北部公路项目位于科特迪瓦西北部的登盖来区，拟建公路起于奥迭内市，由通往马里边境和几内亚边境的两条主线和周边城区连接到主线的 3 条连接线组成。项目全长 229. 5km，整体设计结构为低填浅挖式路基，共有275道现浇箱涵、2座简支梁小桥，双向两车道布置。

该项目的勘察内容包括控制测量、地形图测绘、工程地质核对、水文调查等。在勘查前承包方与业主确认是否需要进行相关复勘验证工作，以免影响设计出图进度。隐蔽工程是公路项目施工核查和控制的重点，就基底换填而言存在较多不确定性。由于线路过长，基本选取有代表性的区段进行地质勘查，换填工程量存在较大的不确定性，也是影响项目质量、进度、成本的关键因素。地勘区段缩短或未勘查，也将影响结构功能使用安全。承包商应根据项目的水文计算报告、地勘成果，确定项目施工的具体特性和节点性工程，并根据相关报告做好施工方案的策划、设备的调遣和进度计划的编排，并在实施过程中时时进行滚动更新勘查，以便更好地进行方案调整和设计优化工作。

点评：

工程勘察设计工作应分阶段进行。勘察可分为选址勘察、初步勘察和详细勘察3个阶段。以公路建设项目为例，选址勘察也就是代表性勘察，应选取有代表性的项目位置，如软基换填段落、石方区域、水稻田区段、长期积水段落等；初步勘察应根据季节性雨量变化或帮宽填筑区段的地质要求进行；详细勘察应结合项目施工方案，给出具体的施工段落或验证桥梁地质、桩长设计等具体指标。

第三，调查科特迪瓦当地的物资供应条件。在满足规范及使用要求的情况下，尽可能使用当地能便利采购的材料和施工机械。

第四，考虑当地的使用环境。科特迪瓦当地的使用环境和我国国内常规项目有很大的区别，在考察时充分掌握当地情况，设计过程中要充分了解工程所在地的各种条件，设计和当地自然条件和风土人情融为一体。

[案例 5-11]

苏布雷水电站位于萨桑德拉河上纳瓦瀑布处，是中国水利水电第五工程局（简称水电五局）进入科特迪瓦市场的首个大型 EPC 项目，也是水电五局积极响应国家“走出去”和“一带一路”倡议的实施项目，总装机容量为 275 兆瓦。

在苏布雷电站溢洪道设计中，通过充分的技术论证，将原设计溢洪道整体右移约 135 米，并调整导流施工顺序，利用左岸支流，汛期增加过流断面，提高泄洪能力；溢洪道移至河道右侧后，临建设施集中在右岸布置，有效地加快施工进度，减少车辆投入，缩短了运输距离。依据工程所在地各种条件不断优化施工方案是项目减少成本投入、加快建设进度的有力保证。

第五，加强与业主的设计沟通，重视语言学习以更好地与业主沟通和准确理解业主意图，加快设计图报批。

[案例 5-12]

科特迪瓦 PK24 工业园项目的中方设计人员站在业主、咨询工程师的立场上考虑问题，对其可能提出的问题做好准备，采用通俗易懂的方式进行解释。通过与属地设计分包保持密切沟通，项目部采纳了一些实用的建议，事实证明非常有效，逐步建立了与业主、咨询工程师的互信。前期与咨询工程师、当地设计公司的沟通，主要以当面沟通为主。受新冠疫情影响，有一段时间当面沟通受到较大的限制，主要沟通调整为邮件形式、语音会形式（WhatsApp、电话），提前 3~7 天列出需沟通的事项清单，有沟通成果时及时书面签认，签署会议纪要，及时锁定了沟通成果，促进了设计图纸的报批。

点评：

海外项目的设计报批周期可能较长，加之项目执行过程中可能遇到新的问题，因此有必要定期与业主进行沟通，系统梳理设计文件，这样有利于把控设计整体进度，避免图纸长时间未批复或设计方案不适应新变化而影响现场施工。

虽然项目前期积极与业主沟通，但业主可能还会提出一些变更要求，项目部需要耐心与业主进行沟通，与之深入交流，适时用会议纪要或信函的方式书面确认沟通成果，增进承包商与业主的相互理解，降低后续设计变更风险。

（六）项目用地

工程建设项目大多由业主负责永久用地的征地工作，临时用地由承包商自行负责。土地产权不清晰和征地拆迁补偿问题会导致工程建设项目执行时的困难加大，如阿比让某桥项目就因为业主拆迁滞后影响了项目进度。承包商可通过采购或租用解决临时用地，根据科特迪瓦《投资法》的规定，外国企业可以依法获得土地使用权，并按规定缴纳相应的使用费用。由于科特迪瓦《国籍法》与《公民身份法》的相互矛盾，造成了无国籍问题的发生，群族之间因土地纠纷产生暴力冲突时有发生，因此购买或租用土地时一定要找准真正的业主。

[**案例** 5-13]

Z公司科特迪瓦公路项目中，民房、墓地等征地拆迁的工作未能及时完成，导致路段一、路段二、路段三整体工作不能顺利转场进行，出现等待歇工现象，导致沿线部分施工无法展开，对工程进度造成影响。

（七）工程项目招投标

1. 科特迪瓦招投标法律法规

科特迪瓦与工程招投标相关的法律为《公共采购法（2019）》《建筑许可条例（2019）》等。

2. 招投标方式

根据《公共采购法（2019）》，除军方项目外，工程项目必须通过公开招标进行，一般投标方至少需要三家。对国际金融机构资助、外国政府贷款、外资及政府认为有必要的项目，将实行国际招标。业主通常会对有投标意向的企业进行资格预审。

科特迪瓦政府项目由项目主管部门招标，承包商向政府部门招标委员会递交标书和企业资质证明材料。政府部门根据标的、企业投标价和投标企业资质情况确定候选名单，最终中标企业在候选名单中选择产生。

如果项目为科特迪瓦政府出资，投标资格与候选名单由科特迪瓦经济与财政部、政府项目主管部门共同审核；如项目使用国外资金，则由出资方和政府主管部门共同审核。

点评：

外国投资者可从招标局周刊、专业期刊、各大日报、网站获取项目信息。

（八）建设设备及材料的采购及运输

国际项目的物资管理包括采购、集港发运（报关）、国际物流及项目所在国清关、内陆运输、现场储管等一系列事务，是工程管理的重要组成部分，与工程项目建设全过程有着密切的联系。根据国内外工程项目合同价款构成分析，设备、材料在总合同价款中所占比例一般都将达到50%~60%，国际项目施工物资种类繁多、质量标准规范复杂，对成本和到场时间要求严格，且由于工程周期长、运输路途远，更见其物资管控的重要性。

1. 设备及材料采购

采购工作要与设计紧密结合，确保选购产品的制造标准、材料标准符合设计要求，采购部门根据初步设计出具的图纸和技术资料等，可先咨询各类供应商、厂商，在满足物资技术质量安全可靠的同时，从经济角度对其进行优选，尤其是涉及定制的机械设备、电仪控制成套设备等，在其功能实现、品牌以及材料的选用上，提出合理化的建议，并将性价比高的物资的技术和验收等条件反馈给设计，进行深化融合，达到降本增效的目的。

一般设备或材料的采购标准在招标文件中会有具体的说明和要求，若合同对设备材料没有具体原产地要求，可以根据相关技术要求、关税、运输成本等不同情况综合考虑，选择在当地采购或从国外进口。

科特迪瓦工程项目的护栏、标志牌等大多采用法国标准，输变电项目相关设备大多参照IEC标准。由于科特迪瓦工业基础相对薄弱，工程项目建设过程中部分核心设备、零配件以及原材料等仍需从中国或第三国持续采购供应。

据在科中资企业反映，在科开展采购工作主要有以下几方面难点和风险：

（1）科生产力低下，产品短缺，大多数产品需要从中国、法国等国订货。

（2）必须在当地注册公司才能进行当地设备物资采购和进口，并享受免关税和增值税优惠政策。

（3）在开工初期，现场施工和营地建设同步进行，采办人员到达现场只能边调研边采购，加上对市场资源不熟悉，导致选定产品和供货商需要较长时间。

（4）中科两国在语言、文字和生产标准等方面都存在差异，既给产品选择增加难度，也影响了工作开展的效率。科工作节奏较慢，导致整体采购包括报价、订货、签订合同、交货、运输等环节的反应时间都很长。

（5）科市场现货库存量很小，因此用料前需提前很长时间订货。通常供方收到预付货款（全额或部分）后才开始计算交货期，收到全款后交货。

（6）由于产品标准和语言沟通不畅，所订购的物资到货后可能与实际需要不符，合同文本又只能以法文为准，万一出现经济纠纷诉诸法律的过程艰难且漫长。

[**案例 5-14**]

苏布雷水电站工程合同由中水电与科特迪瓦能源公司签订，中方须在当地注册公司才能在当地采购或进口设备物资。项目启动后，经过当地考察，发现注册公司需要很多文件和程序，项目部专门派人跟踪注册公司进展，保证设备物资顺利进口和当地采购供应。在项目注册公司同时，项目部利用科特迪瓦能源公司进行设备物资当地采购和进口，保证项目迅速顺利启动。

苏布雷项目的设备物资采购成本占到工程造价的 50%~60%，项目部非常重视采购工作，把整个项目分枢纽施工设备物资、枢纽主机成套采购和输变电工程采购 3 个部分分别实施。采购程序为项目提出计划→根据当地调查成果选择国内或当地采购→按照中水电采购制度采购签订合同→货物运输到工地现场验收。

（1）枢纽施工设备物资采购。施工设备物资采购是整个项目实施的必要条件，工程开工首先采购的就是施工设备物资。苏布雷项目施工设备物资采购严格按照中水电采购制度，根据施工条件和工作量选择了从第三国和中国采购施工设备，如挖掘机以卡特彼勒336DL为主，推土机采购中国山推SD22，装载机采购常林957S等；项目的活动房、电料以及五金工具和炸药等选择从中国进口名牌系列产品；柴油、水泥和钢材从当地有实力的供应商中选择。

（2）枢纽主机成套采购。根据苏布雷水电站工程与业主最初谈判，适应科特迪瓦欧标要求，在项目最初可行性研究和建议书中已经明确工程中的发电机和水轮机采购阿尔斯通产品，项目主机采购阿尔斯通最大功率为96.28MW的立轴混流式水轮机及发电机和配套的辅助设备，辅助设备从中国国内采购。

（3）输变电工程采购。苏布雷到阿比让379公里的225kV输变电线路采购考虑到独立性和专业性，按3个施工队伍同时进行施工和采购工作安排，输变电工程所用施工设备以从中国采购的中小型设备为主，物资以中国和当地相结合采购。输变电永久施工线路和铁塔以中国进口为主。

2. 物流管理

境外投资建设项目采购和物流管理尤为重要，尤其是投资体量大的项目，物资需求量巨大，货物运输过程涉及制造、加工、验收、适运包装、长短途交货运输、装卸、集港、订舱、装卸船、海运、理货、检验、出口报关、保险、出口退税、贸易单证、目的地国清关等诸多环节，时间跨度大、跨境距离远、影响因素多，加之台风、海外政商环境、人文环境、国际政治环境、流行疾病等多项不可控因素影响，发生风险的概率非常大，物流成本比国内项目高很多。为此，项目需要成立专业化物流管理团队，制定采购、物流总体方案，统筹规划、统一协调管理项目所有相关方物资采购与物流工作，形成制造、催交、包装、物流、仓储、现场、接卸等环节一体化管控。

科特迪瓦工程大部分设备物资需要进口。科特迪瓦有两个港口，即阿比让和圣佩德罗港口。阿比让港口是西非的大港口，海路运输是常规的运输方式。从中国起运的货物，均由天津、上海等港口出关。境外段的运输时间为一个半月左右。鉴于海运周期长的特点，采购需考虑运输条件，对货物的有效期等发运状态做到提前策划，制定物流方案，在满足设计、施工要求的前提下，综合考虑安装、运输成本，确定货物的交付和运输状态。

建议物流方案包括国内外物资集散方案、海陆空运输方案、大件设备运输方案、物流操作流程和应急预案，统一组织项目集港、船舶安排、码头、装卸、清报关等物流环节工作，根据工程建设进度计划组织发运，并在物流管理上采取以下措施：

（1）选择有经验的物流代理商。对超大物流量的项目应选择两家或以上有广泛的全球货运网络、丰富的国际工程物流人力和设备资源、成熟的工程物流管理经验、雄厚的财力支持等软、硬实力的物流供应商，与多家外贸港口建立伙伴关系，为工程高峰期大量物资发运奠定基础，降低物流风险。

[**案例** 5-15]

苏布雷水电站属于科特迪瓦免税项目，根据科特迪瓦进口程序需要收货人进行每批设备物资的价格认证。经过项目调查，苏布雷水电站的设备物资更适合将科特迪瓦国家进口清关程序单独组织，因为如果把中国国内海运和当地清关运输一起委托一家公司，从表面上看收货人是省去了很多工作，但是科特迪瓦清关的问题还需要收货人进行协调，中间又多了一道程序；另外从第三国发的货还得收货人和科特迪瓦清关公司进行对接。

项目部按照中国水利水电建设集团公司的物流管理制度，以及中国国内海运和科特迪瓦国家清关公司相关要求，分别选择中新国际运输服务有限公司负责中国设备物资出口和海运，法国波洛莱科特迪瓦公司负责科特迪瓦设备物资进口清关和内陆运输。中新国际运输服务有限公司在科特迪瓦为很多中资公司提供过海运服务，经验丰富，了解科特迪瓦进口单据发船前所需要做的工作，与这条航线相关人员和各船东保持良好关系，能够保证货物及时装船发运；法国波洛莱科特迪瓦公司是科特迪瓦最大的清关和运输公司，拥有足够实力和经验保证大项目货物的清关和运输，在港口有自己的储存场地，免费给项目部货物进行临时仓储。因此，项目通过前期考察选择了强强联合方式保证设备进口顺利，并要求清关公司保存进口设备资料，保证工程完工后能够顺利再出口。

[**案例** 5-16]

Z公司科特迪瓦公路项目物资货运过程中，由于在安排发运工作时，委托的货运代理公司未能及时掌握工程机械设备报关、清关工作所需要的全面资料，导致其在工程机械设备到达工程所在国港口办理清关时因缺少资料无法清关，进一步导致机械设备资源未能按时进场，给整体进度的展开造成了不小的影响。

（2）在采购合同中明确交货条件。一是确定多个有效装运港，以便交货时根据物资生产和货量情况、港口和船期等因素来选择最终装运港，避免实际发运时由于港口、船期等衔接问题而产生争议或额外费用，影响物资发运；二是在采购和物流合同中明确大件吊装、自卸鞍座的匹配、船型选择、大件设备本体绑扎等特殊运输要求；三是划分因设备出厂延误、船期延误导致的滞港、亏舱或者滞期等问题时的责任。四是对无外贸出口经验的设备材料供应商提前指导货物出口准备和手续办理。

(3) 动态管理物资发运计划。重点关注大件物资发运计划执行，建立物流问题反馈和纠错整改机制，及时调整计划。

[**案例** 5-17]

苏布雷水电站工程项目部基于设备物资进口的需求，在项目实施前在当地进行了为期两个月的实地考察，了解物流程序并与当地代理商进行合同谈判。项目从整体上考虑了设备物资进口成本，合理选择船运公司和港口，时间周期长的物资和不急需的物资选择费用较低的船运公司，比如 MSC（一般 90 天航期）；如果时间要求紧，则选择如达飞、马士基等直航集装箱船（一般 50 天航期）；如果自己的货物较多，可以让船公司单独挂靠圣佩德罗港口；从整体上做好时间和费用比较统筹，规划设备物资进口。

(4) 统一项目物流管理体系。明确发运申请、集港、订舱、装卸船和交货流程、紧急物资申请和发运流程和责任界面，统一调配物流资源和运力匹配。

(5) 采取灵活、便捷的运输方式。对于精密仪器或贵重设备、危险品，可根据重量、危险级别、紧急程度，优先考虑航空运输或集装箱海运，以确保安全；材料、设备采用搭配组合散杂货船发运方式，对不便配载散杂货船的物资采用集装箱或拼箱、中转等多种方式发运，合理安排船舶运力。

(6) 针对超大件设备专门制定发运方案。超大、超重、超长、超高等大型设备应根据大件设备的具体情况专门编制物流发运方案，并确保每个节点按照方案实施，确保发运安全。

(7) 明确跨境物资物流包装要求。由于跨境海运需要多次装卸，同时受到同船物资堆码积压、台风等恶劣天气影响，包装是物资安全的重要保证，需要制定统一的物资包装规定。针对特殊物资或大件设备，需要制定专门物流包装方案。

(8) 制定物流应急预案。海外项目工程物资跨境物流具有相当大的不可控风险，极易发生突发情况。应基于各种不确定风险，对物流各流程环节进行风险评估，包括供货中断风险、运力不足风险、经济环境风险、政治环境风险、恶劣天气风险、货差货损风险等，针对各类风险问题制定物流应急预案和规避措施，同时完善供应链全程的保险方案、保险索赔方案。

[**案例 5-18**]

科特迪瓦圣佩德罗体育场项目于 2019 年启动实施，但很快就遭遇了新冠疫情。为了保护员工生命健康，项目采取封闭施工和网格化管理。同时，由于海上货运受到影响，项目物资采购和发运无法保证时效。为保证项目正常进展，项目部一方面积极和国内厂商沟通好生产发运计划，确保每一趟船期都能踩到点上；另一方面扩大采购渠道，部分材料通过欧洲进口解决问题。

很多海外项目特种设备进口认证耗时较长，同时需要考虑报关清关、海运以及科特迪瓦内陆运输时间。重大件的装卸和运输需要协调特殊的机具，安排特殊的路线。重大件的物流运输往往是采购过程中进度管理的关键路径。在重大件采购运输过程中，需要考虑项目安装工作的时间节点，同时需要考虑优化特种设备（如重型吊车、大平板车）使用时间，尽可能降低成本。

因此，在项目进度管理、采购管理的规划阶段，承包商需按照工期专门制订重大件的采购、运输计划，重点关注重大件的名称、种类、毛重、净重、体积（尺寸）、国内交货周期、海外安装时间、国内起运港和国外运抵港的装卸水平，制定重大件的陆路运输方案，考察陆路运输路线。若可能，建议集中分批运输、交货重大件，节约各项成本以及提高项目效率。

［**案例**5-19］

阿比让港口扩建项目防波堤工程是科特迪瓦一项国家重点项目，该项目的建设对于当地的经济发展起着巨大的促进作用。但是由于该区域机械配件、五金材料较为短缺，设备租赁价格较为高昂，物资设备调遣成为制约该工程的关键性因素。

制约物资设备能否按期到达现场有以下三个主要影响因素：（1）物资设备的制作加工时间；（2）国内装卸、集港、海上运输时间；（3）科特迪瓦当地的清关、卸船及运达现场时间。

因此，该项目经过协商决定，采用与第三方物流公司合作方案，以弥补自身不足，降低工程成本。

与第三方物流公司的良好合作，对阿比让港口扩建项目的顺利建设起到了关键性的作用。一是弥补项目方不能进行长途海运的弊端；二是设备、物资及时到达施工现场，为工程项目提供设备保障、物资保障；三是为项目部节省了大量的时间及人力；四是大大降低了该工程的施工成本。

点评：

施工企业在海外施工过程中，在涉及设备物资的调遣时，与第三方物流服务公司（船舶代理公司、清关公司等）进行良好的合作，可以增强施工单位的材料、设备成本，增强竞标能力，为施工企业走向海外提供有力支撑。

（九）科特迪瓦工程成本

1. 电价

2023年3月，科特迪瓦家庭电价为72.6西非法郎/千瓦·时（约合0.122美元/千瓦·时）、商业电价为123.26西非法郎/千瓦·时（约合0.207美元/千瓦·时）。其中包括电费的所有组成部分，例如电力、配电和税收成本。

科特迪瓦实行阶梯电价，有低压、中压和高压电价3种主要电价类别，设置后付款和预付款两种支付方式，并区分居民用电和专业用电，具体价格见表5-6。

表5-6　科特迪瓦居民和企业主要用电价格

<table>
<tr><th rowspan="2">用户类型</th><th rowspan="2">电压</th><th colspan="2">费用（含增值税）</th><th rowspan="2">适用条件</th></tr>
<tr><th>电费单价
（西非法郎/千瓦·时）</th><th>固定费用
（西非法郎）</th></tr>
<tr><td rowspan="2">居民</td><td rowspan="2">低压</td><td>80kW·h以内：36.05
80kW·h以上：73.99</td><td>559/双月</td><td>家庭使用，1.1kVA（5A）功率，半年内平均用电不超200kW·h/双月。</td></tr>
<tr><td>第一阶段电价：79.01
第二阶段电价：68.48</td><td>1470.94/双月</td><td>家庭使用，超过社会资费门槛；第一阶段：用电<180h×双月订购功率，第二阶段：用电≥180h×双月订购功率。</td></tr>
</table>

续 表

用户类型	电压	费用（含增值税）		适用条件
		电费单价（西非法郎/千瓦·时）	固定费用（西非法郎）	
工商企业	低压	第一阶段电价：101.84 第二阶段电价：86.62	1831.48/双月	阶段划分与居民用电相同，适用开展专业活动的小型工商业等。
	中压	高峰期：91.91 非高峰期：55.78 其他时段：67.41	31383.02/年	表中展示的电价为年用电1000~5000小时的费率；用电1000小时以下、5000小时以上分别适用短期、长期费率。
	高压	高峰期：78.07 非高峰期：53.43 其他时段：61.45	56456.59/年	—

注：1. 居民电费区分后付制与预付制，表中展示为后付制价格。
2. 高峰时段：从晚7：30到晚11：00。
3. 非高峰时段：晚12：00到早7：30。
4. 其他时段：早7：30到晚7：30，晚11：00到晚12：00。

资料来源：科特迪瓦电力公司。

点评：

科特迪瓦矿业、石油与能源部宣布，从2023年7月1日起，针对额定电流15安倍及以上用户和专业用户，电价每千瓦·时上涨10%；中高压用户每千瓦·时上涨15%。此次电价调整整体控制在9.6%，89%的用户不受影响，该调整将为科特迪瓦电力领域全年减少760亿西非法郎（约合1.25亿美元）的运营损耗。

2. **水价**

科特迪瓦用水由科特迪瓦供水公司提供，用水需事先支付 166886 西非法郎的水网接入费用，其中包括预付款 16500 西非法郎、保险费 2756 西非法郎、接入费 147630 西非法郎。科特迪瓦适用累进计费制计算水费，不区分工业和生活用水，具体标准见表 5-7。

表 5-7　科特迪瓦水费标准

用水数量（吨）	水费（美元/吨）
<18	0.5
18~90	0.73
91~300	1.2
>300	1.43

资料来源：科特迪瓦供水公司。

3. **油气价格**

2023 年 12 月，科特迪瓦的汽油、柴油价格分别为 875 西非法郎/升（1.47 美元/升）、715 西非法郎/升（1.2 美元/升）。

科特迪瓦无民用天然气管道，居民生活用气均使用煤气罐，2022 年 6 月，大罐（28 千克）为 23.5 美元/罐，小罐（12 千克）为 9.4 美元/罐。

工业用气需从天然气公司申请专门管道，价格可与天然气公司商定。

4. **劳动力工薪及供需**

科特迪瓦实行法定最低工资，任何工人的工资不得低于法定最低工资，雇主支付低于法定最低工资可能面临法律诉讼。自 2023 年 1 月 1 日起，科特迪瓦现行有效的全国最低工资为每月 75000 西非法郎。

科特迪瓦技术工人工资为200~300美元/月，有大学学历的文秘、研究员、市场营销人员工资为500~800美元/月。在科特迪瓦雇佣工人需向国家社保基金缴款，社会保险费为工资总额的11.2%（雇主支付8%，个人支付3.2%），雇主还需缴纳应税工资2.8%（本地雇员）或12%（外籍雇员）的工资税。

5. 土地及房屋价格

只有科特迪瓦籍居民才能拥有科特迪瓦土地所有权，外国投资者主要通过长期租赁方式来使用土地。

科特迪瓦阿比让周边平均地价约100美元/平方米，经济首都阿比让商业区第四区平均地价1500美元/平方米。工业厂房使用方式通常为租用，1公顷租金约为13000美元/月（含厂房）。租用办公楼每平方米约为100美元/月（不含物业）。在阿比让的普拉托区，二居室公寓楼租金约1000美元/月，五居室的别墅租金约3000美元/月；在阿比让的第四区，四居室公寓楼租金约3000美元/月，购置住房约2300美元/平方米。

6. 建筑成本

新冠疫情以来，科特迪瓦建材价格大幅上涨。截至2023年8月，主要建材价格如表5-8所示。

表5-8 科特迪瓦主要建筑材料价格

材料名称	型　号	单　位	价格（美元）
水泥	CPJ32.5	吨	160
	CPA42.5	吨	208
钢筋	Fe400	吨	900
	Fe500	吨	1100

续 表

材料名称	型 号	单 位	价格（美元）
碎石	—	立方米	25
砂	—	立方米	9
木材	—	立方米	640

资料来源：在科特迪瓦中企提供。

三、第三阶段：建设实施

（一）劳动用工

科特迪瓦人口结构年轻，劳动力供应充足，但缺乏高级技工。由于科特迪瓦相比周边国家经济发展好，吸引了第三国的外籍劳工。中资企业可以招聘部分翻译、技术工人等第三国劳工。

科特迪瓦在用工方面应注意以下内容：

（1）外国人赴科特迪瓦工作，必须获得相关部门签发的工作许可证，并确保相关证件在有效期内。详见本书第四章第六节“科特迪瓦关于劳动就业的法律规定”。

（2）中资企业刚进入科特迪瓦市场时，由于对当地劳动法不熟悉，可采用与当地劳务公司合作的模式进行劳工招聘。

（3）科特迪瓦劳动局和工会监管力度大，属地劳工维权意识强。中资企业需加大管理力度，完善管理制度，遵照当地劳动法要求管理属地劳工，建立好与属地劳工的对话机制，及时处理属地劳工的诉求，及时缴纳社保，按时发放工资，按照流程解聘属地劳工，避免出现劳资纠纷甚至恶性事件的发生。

（4）注意劳工的“本地化”要求。中资企业要尽可能雇用科特迪瓦劳工。科特迪瓦有一定规模的第三国劳工市场，根据需要可招聘一些第三国劳工。但科特迪瓦行政部门和当地劳工本身还是存在排外意识，不宜大量招聘第三国劳工，避免科特迪瓦籍劳工从中作梗，影响用工环境。

（5）尊重当地文化、宗教信仰。中国赴科特迪瓦的劳务人员应尊重当地的文化、宗教、风俗和生活习惯，本着和谐相处、互利共赢的理念，与当地民众和谐相处。同时，要提高安全和防范风险意识，注意规范言行、避免激化矛盾，以免给自身工作和生活带来安全隐患。遇到问题时，务必依法维权，切勿采取过激行为，以免因违法而陷于被动。

（二）本地化要求

在石油和天然气领域，2023 年 5 月 24 日，科特迪瓦政府颁布了《本地成分法实施条例（2023）》，指导实施 2022 年 6 月 13 日颁布的《本地成分法》，以落实石油和天然气部门中的本地化要求。

《本地成分法》要求石油公司优先雇佣科特迪瓦籍人工作，并规定针对科特迪瓦籍员工的培训计划。此外，还必须在分包活动、提供服务或供应货物方面给予科特迪瓦公司优惠。《本地成分法》将分包活动、提供服务或供应货物分为以下三大类：A 类是指应由科特迪瓦公司专门从事的活动；B 类是指主要由根据科特迪瓦法律成立的公司开展的活动，但也可以由外国公司与一家或多家科特迪瓦公司合作开展；C 类是指可以由根据科特迪瓦法律成立的公司或外国公司开展的活动。

每个类别的活动列表均在《本地成分法实施条例》中详细说明。

在这方面，请注意B类活动分为两个子类别，B1是指根据科特迪瓦法律成立的公司应开展的活动，B2是指科特迪瓦公司应与外国公司合作开展的活动。

值得注意的是，新法律将科特迪瓦公司定义为至少51%资本由科特迪瓦国籍的个人或科特迪瓦个人控制的法人实体拥有的公司。法人实体的控制权是指至少51%的资本由法人实体或个人直接或间接拥有，并授予该实体或个人投票权。法律认定的科特迪瓦公司，其注册的办事处必须在科特迪瓦国内。至于根据科特迪瓦法律成立的公司，是指在科特迪瓦商业登记处注册成立的公司，对其股东的国籍没有限制。

此外，《本地成分法实施条例》提供了评估本地化程度的标准。这些指标每年将由负责石油和天然气的部门制定。

《本地成分法实施条例》还规定了上游和下游每个阶段雇用科特迪瓦人员的百分比。例如，对于石油公司，该法令要求在上游活动开始时至少拥有50%的科特迪瓦籍员工，并在商业生产开始十年后至少拥有90%的科特迪瓦籍员工。至于下游活动，该法令规定，在活动开始时科特迪瓦籍雇员的比例至少为75%，活动开始十年后（即签署第一份石油合同之日、首次批准开展下游活动之日）至少为95%。所有非科特迪瓦籍工人的雇佣都将按照一定的条件和程序豁免，这种豁免可以通过申请获得，申请内容包括在该国社交媒体上发布招聘公告的证明、没有科特迪瓦籍候选人应聘该职位的证明以及用科特迪瓦籍人员替代外国人员的特别培训计划等。

在科特迪瓦从事石油和天然气活动的石油公司、分包商、服务提供商和供应商（科特迪瓦公司除外）最迟在开始活动后两年内，必须与至少一所科特迪瓦大学或培训机构缔结合作伙伴协议并提供资助。这一要求的目的是鼓励各大公司在科特迪瓦教授技能和专业知识。

不遵守本地化义务将使外国公司受到行政制裁，包括暂停或撤销批准、禁止签订合同、终止生产分成合同，以及处以50万至2亿西非法郎的行政罚款。情况严重者，罚款可能加倍。

［案例5-20］

科特迪瓦圣佩德罗体育场项目施工期间，中国土木公司高度重视属地化管理工作，在项目高峰期，中方员工大约50人，而当地员工达到了近1000人，中科人员比例为1∶20，中方人员更多地承担管理和指导施工责任，对当地员工进行培训，而科特迪瓦当地员工也很上进和好学，产生了良好的互动效应。在项目建设完成后，参与体育场建设的当地员工拿着项目开具的工作证明也能更好更快地找到新工作。

（三）工程质量

建设过程中，如无特殊规定，承包单位需遵照约定的技术标准，按合同要求开展工程设计，并严格按照经审批的设计文件开展施工。工程完毕后，业主会聘请有资质的科特迪瓦建筑事务所进行工程验收。如果是国家项目，则由科特迪瓦国家技术研究与发展局和有关主管部门验收。自1978年成立以来，科特迪瓦国家技术研究与发展局是科特迪瓦政府的特权机构，负责通过研究、设计、咨询和控制工作支持科特迪瓦政府实施重大发展项目。

《公共采购法》规定，政府采购工程建设项目质量验收分为部分验收、临时验收和最终验收三类。一般情况下，业主在接收全部或部分工程前必须进行全部或部分临时验收；但如遇紧急情况，承包商可编制交接清单，经各方同意后在验收前先行交接。一旦业主接收部分工程，除因施工缺陷造成的损坏外，承包商不需再承担维修责任。在工程性质允许的情况下，只要部分完成的工程可按合同规定的用途投入使用，业主便可应承包商要求，进行临时验收。临时验收旨在检查并确保工程符合合同（特别是技术条款）的全部规定；临时验收完成后，经验收部分的所有权和风险转移到业主方，承包商开始承担合同规定的相关质保义务，质保期结束后进行最终验收。

（四）HSE[1] 管理规范

1. 科特迪瓦职业健康与安全监管框架

科特迪瓦 1995 年通过的《劳动法》第四章规定了一般安全和健康条款。此外，职业安全和健康方面的主要立法是《关于职业安全和健康法令（1967）》，其规定了《劳动法》第四章的监管发展。该法令的法律条款涉及有关工作场所和工作环境、预防火灾风险和职业事故的一般职业安全和健康措施，以及更具体的措施，如与工具、机械伤害相关的措施，工作中与其他具体风险有关的措施等。该法令还就夜间工作、工作时间、职业安全和健康委员会、国家职业安全和健康咨询委员会、保健服务、职业病和特殊危险防护等问题作出了规定。

其他职业健康与安全监管有关法律法规还包括《社会保障法》，该法的第五章规定了一些有关职业病的条款。

科特迪瓦重视工程项目的职业健康安全工作，一般由代表业主方的咨询工程师监管项目的 HSE 工作，环境部和劳工部不定期抽查，当地劳动局和工会进行监管，定期检查。对于项目的 HSE 管理工作，承包商一定要依据当地的规章制度，参考咨询工程师的习惯做法，咨询劳工代表的意见，加强项目的职业健康安全的管理。

---

[1] 职业健康、安全与环境。

[案例 5-21]

在 2015 年阿比让港口扩建项目防波堤工程中，中交一航局第五工程有限公司主要负责旧防波堤拆除和新防波堤的修建。项目的施工部分主要分为石场开采区、船舶水上施工区、陆上水工结构施工区、构件预制场区、水路交通及营地生活区 5 个主要区域。该项目部根据项目施工区的划分建立了项目安全管理考核体系，设立了领导班子分区负责连带责任制度，由安全总监及职业安全与健康部门监督管理，根据各个区域的特点量化考核指标，进行月度评分考核并奖惩；根据量化考评体系，建立了相关的周、月安全检查制度，针对安全风险及整改情况进行量化评分考核，根据“四不放过”原则建立了事故上报调查制度；建立了领导班子与管理人员组合进行夜间值班及带班制度；建立了外出请假、项目健康体温上报及交通车辆外派等相关制度。

针对安全风险较大的施工项目，定期组织安全风险头脑风暴研讨会，各工序必须有最终行之有效的预防解决方案后，风险项才可纳入可控风险项。如石场 24 小时长途高速路上块石运输，尤其针对夜间司机容易瞌睡的交通事故风险，项目部经过多次分析研究后给自卸车全部安装 GPS 定位系统，为司机配备防瞌睡仪，晚上免费提供咖啡和茶饮，在高速途中设置休息驿站，要求夜班司机必须在驿站休息 10 分钟。针对运营港口运河内商船频繁进出较大的施工风险，项目部与总承包单位中国港湾及港务局成立联合通航小组，根据商船进出运河情况，协调组织施工船舶抛石及外海卸驳。

2. 科特迪瓦环境监管核心要求

科特迪瓦重视环境保护，并努力建立其环评体系。承包商应从以下几个方面重视环境保护工作。

（1）预防空气污染与危害。承包商应采取所有合理的措施尽可能减少空气污染，包括废气排放、施工流程与材料、施工交通和现场操作产生的空气污染。项目设备和车辆在任何情况下的废气排放均应控制在政府机构确立的限值之内。如果业主认为承包商的任何设备或车辆废气排放超标，无论是出于何种原因，业主均可能要求此类设备或车辆停止工作，直至作出整改措施，完成整改。

在业主认为大气条件合适的情况下，仅允许在经批准的地点进行出于现场清除与除根需求的材料燃烧与可燃施工废物的燃烧。

承包商应采取合适的措施尽可能减少工程活动可能产生的灰尘，并预防可能对人身和动物健康、农作物、林木和住所等造成的损害。这些措施应包括但不限于覆盖货载、临时遮蔽植物或覆盖土壤，给相关设备配备除尘装置，并始终按照制造商出具的规范手册操作并维护这些装置。

承包商应采取合适的措施以避免向大气中释放具有高度臭氧消耗潜势（ODP）以及全球变暖潜能值（GWP）的物质。承包商若在现场内或现场外，包括车内提供空调及制冷、冷冻与冷却装备，除非另有批准，这些空调及制冷、冷冻与冷却装备均不应含有碳氟化合物（如氯氟化碳、氢氟碳化物、氯氟烃等）。承包商的雇员中至少应包含一名经过培训并足以实施制冷剂维护、再填充、循环使用的技师。在必要情况下，承包商应能够提供相关设备、材料与流程的高度臭氧消耗潜势（ODP）以及全球变暖潜能值（GWP）的认证。

（2）预防噪声污染与危害。承包商应采取适当的措施以尽可能减少噪声对当地居民和工作人员带来的伤害。相关措施包括但不限于实施噪声评估、提供个人保护设备、从声源控制噪声、规定听力保护区域等，且这些措施均应按照最佳国际范例实施以避免工作人员听力受损。承包商应对所有的装置与机器进行有效降噪，在任何情况下都不允许在降噪装置有缺陷或遗失时操作设备。

（3）预防水与土壤污染以及危害。承包商应确保其活动不会导致地表水、地下水或农业土壤受到污染。承包商应设计并执行必要的规范与操作措施，包括但不限于对所使用引擎、液压与模板油的收集、循环使用或安全处理，在车辆与装置清洗设施和厨房排放系统中安装除油器和油脂分离器，配备固体清洁和液体废物处理系统等。

如果交通、施工活动、建筑工程等引起任何农业土壤污染，承包商应剥离并储存现场所有区域的表层土。表层土剥离深度由业主指导进行。工程建设活动造成的任何污染，包括泥沙淤积，承包商应立即自费清理受到影响的区域，并全权负责对于受影响方的赔偿工作。

（4）保护野生动物和鱼类。承包商应采取一切可行的措施来避免其活动对场地附近的野生动物和鱼类造成影响。确保其雇员不参与任何非法打猎、射击、捕捉、收集野生动物或鱼类，不会在未经任何授权的情况下在现场内或现场附近钓鱼。承包商还应告知其雇员可能遇到的所有珍稀或者濒危野生物种，并对这些物种加以保护。

（5）危险材料管理计划。现场开始工作前，承包商应实施一项危险材料管理计划，该计划由承包商与业主协商制订。该计划必须确定并建立规程来记录承包商履行合同过程中包含的所有危险设备和物品，包括过程中任何新的带到现场的危险设备、物品或其他物质。承包商应制定并实施有关上述危险材料和设备的实施规范，包括材料设备的安全操作、存储和使用，以及使用过的设备、物品、容器的安全处理，并将这些计划和规程包含在危险材料管理计划之内。业主在任何时候都应被赋予获取和使用该计划的权利。承包商必须对现场建设和所有的设备、运输车辆和危险材料存放区域进行定期检查，并制定管理规定，以防止有毒物质泄漏，或进入地下水、河流和现场以外的区域。

离开现场之前，承包商应向业主提供相关文件证明这些危险设备和物品已经根据相关法律法规以安全合理的方式清除。

（6）废物管理计划。现场开始工作前，承包商应实施一项废物管理计划，该计划由承包商与业主协商制订。该计划应说明在项目期间所产生的所有固体和液体废物的管理和处理方法与规程，通过再利用和循环使用尽可能减少废物的产生。

废物管理计划主要内容应包括废物类别区分、废物分离、废物收集与处理、废物的再利用和循环使用、废物清理等。

承包商应特别注意确保依据危险材料管理计划中的安排，运用经批准的方法安全处理所有的危险材料与容器，以及在得到相关机构批准的条件下，在现场运用相应方法处理其他需要处理的材料。

（7）侵蚀控制和雨水管理。承包商应采取适当措施来管理源于或者流经现场的雨水，以避免径流、洪水、侵蚀或者泥沙淤积对作业和其他财产造成损坏。承包商应对上述任何损坏进行修复，并承担费用。修复工作应使业主满意且承包商须对受影响的任何一方进行全额赔偿。

（8）弃土堆和储存场地管理。倾倒或挖掘任何物品之前，承包商应挖走并且存储所有表层土以供后续使用。表层土的性质因地而异，承包商需要分别存储来自不同地区的表层土。废弃材料应压缩至最大限度以便于运输，此外，应对这些材料进行分级以防止积水。施工期间，应综合系统地利用沉淀地、隔泥幕、导流建筑物等，降低细粒材料进入水道的可能性。弃土堆下面应沿等值线建一个土丘来收集从弃土堆上冲刷下来的细粒材料。排水廊道应定期维护，直到弃土堆上拥有充足的植被来防止细粒材料被冲刷走。

（9）现场的恢复重建。项目的土场恢复工作一般会列在清单中，只有承包商按照要求完成土场恢复后才能计价。此项工作一般会在土方使用后完成。其他临时用地的恢复包括但不限于现场设施区域、生活区、临时通道和采料区。

［**案例** 5-22］

阿比让供水项目分为两期，二期项目工程内容包括水源地的开发，水处理厂升级、修建并装配消毒加压站，提供并安装球墨铸铁管道等。二期项目由中国地质工程集团有限公司采用 EPC 方式承包，项目合同金额约 6.05 亿元。

项目重视工程全线的资源降耗和循环利用。项目开工前期建立环境保护领导机构，针对施工过程和运营过程中产生的污染物和废弃物制定防治或减排管理制度，获得环境、能源等相关管理体系认证。实际作业工程中，借助新颖的施工技术优势，对施工过程中能耗大而且烦琐的工序进行改进。在节水方面，推动水源的重复使用或者一水多用，例如基坑降水作业时抽取的地下水用于混凝土搅拌，从而提高水资源的利用效率。在工程物料上，重复使用拆除的铁皮瓦等可利用物资，减少资源浪费；优选符合环保标准要求的供货商进行合作，绿色采购比例达到100%。在运营管理方面，严控资源空耗、超耗，通过杜绝各类设备待机空耗、淘汰耗电量大的老旧设备、全面加强控制材料使用过程的超耗等措施，使工程全线环境保护和节能减排达到最优效果。

3. 我国商务部和生态环境部对境外投资合作有关环保的指引

目前，规范我国海外投资环境保护的主要政策是《对外投资合作建设项目生态环境保护指南》，是由生态环境部、商务部在 2022 年 1 月联合发布的指导性文件，是对《对外投资合作环境保护指南》的修订。目的是进一步做好对外投资建设项目生态环境保护工作，高质量推动对外投资项目建设。

《对外投资合作建设项目生态环境保护指南》（以下简称《指南》）在以下几方面进一步优化对外投资合作建设项目环境管理：一是进一步明确适用范围。《指南》适用于中国企业在境外开展投资建设的新建（含改建、扩建）类项目、收购并购类项目以及承包工程项目。上述类型的项目在开展生态环境管理工作时，均可参考《指南》。二是进一步丰富内涵。《指南》针对污染防治、应对气候变化、生态系统和生物多样性保护等多个领域提出对外投资合作建设项目工作指引。三是理顺项目全生命周期管理流程。根据项目投资建设前、施工期、运营期、关闭退出等主要环节，《指南》调整并补充完善了相关规定。四是进一步提高境外项目环境管理水平，《指南》鼓励项目采用国际通行标准或中国更严标准开展生态环境保护相关工作，并对企业提出完善内部环境管理体系、鼓励开展清洁生产、加强信息发布等要求，强调企业环境管理主体责任。

4. 商务部对境外投资合作有关安全管理的指引

商务部合作司与中国对外承包工程商会共同发布的《境外中资企业机构和人员安全管理指南》（第三版），为境外企业和对外投资的安全保护工作提供了全面的指导。

四、第四阶段：竣工验收

竣工验收是在分项、分部和单位工程验收完成的基础上进行的，是全面考核项目建设工作，检查是否符合设计及合同要求的必要环节。

（一）竣工验收准备

在竣工验收阶段，承包商在科特迪瓦承包的项目需要进行验收准备，以确保项目的顺利验收。验收准备包括以下几个方面：

（1）准备相关的文件和资料，包括项目的设计文件、施工图纸、验收标准、质量检测报告、安全检查报告、环保检查报告等。

（2）准备相关的证明材料，包括工程质量证明、安全证明、环保证明和消防证明等。这些证明材料需要由当地的相关部门进行审核和认证。

（3）进行内部验收，对项目进行全面检查和评估，确保项目的质量、安全和环保符合要求。

（4）需要邀请当地的相关部门进行外部验收，对项目进行全面检查和评估，确保项目的质量、安全和环保符合当地的标准和规定。

（5）如果项目存在质量、安全和环保方面的问题，承包商需要进行整改，确保项目符合要求。

验收前，项目公司/项目部应与业主进行充分的沟通，明确项目验收要求，包括需要业主参与的验收项目（如隐蔽工程等）及最终的移交标准等，并将相关要求准确反馈至各分包单位。项目公司/项目部须严格依据设计图纸和有关国家规范标准的要求执行分项、分部和单位工程验收。对于工程隐蔽部分和其他需要中间验收的部位，项目公司/项目部应通知监理在施工过程中进行验收，要注意验收前通知时限。提前通知监理，避开周末、节假日等不利因素。

（二）竣工验收的程序

正如上节所述，工程完毕后，业主可聘请有资质的建筑事务所验收。如为国家项目，则由科特迪瓦国家技术研究与发展局和有关主管部门进行验收。

科特迪瓦项目的验收大多分为临时验收和最终验收。临时验收的目的是确保工程的控制和遵守合同的所有义务，特别是技术条款，类似于我国的单位工程验收。临时验收完成后，经验收部分的所有权和风险转移到业主方，承包商开始承担合同规定的相关质保义务，质保期结束后进行最终验收。

1. **预验收**

承包商应将预期完工日期提前以书面形式通知业主和咨询工程师（监理）。除非另有规定，代表业主方的咨询工程师应在收到上述通知之日起20日内（如果通知上指定的完工日期较晚，则在该完工日期之前20日内），通知承包商进行工程验收前的准备工作，即咨询工程师（监理方）的预验收。咨询工程师会将开展预验收的日期通知业主，业主根据情况亲自参加或派代表参加。预验收前需完成的工作包括：工程的检查、规定的试验、确认未执行合同中规定的工作内容、确认缺点或缺陷、确认工地设施的撤场以及场地和地面的恢复、与工程完工相关的确认。

在约定的日期内，咨询工程师针对承包商上述工作的完成情况开展工程预验收，并把预验收情况详细记录在其编制的报告中，该报告需要由咨询工程师和承包商共同签署确认。如果承包商拒签，这一情况应在报告中明确记录。报告完成后的15天内，咨询工程师会可以预验收结果，向业主建议是否可以开展工程验收工作（上述的临时验收），如果可以，还要将建议工程验收日期，以及其他可能建议附加到验收中的保留意见。上述情况应当通报给承包商。

2. **临时验收**

业主将根据咨询工程师提交的预验收报告和咨询工程师的建议，

决定是否进行临时验收，以及是否附带保留意见。若决定进行临时验收，必须明确验收日期。业主需在预验收报告完成后 45 天内将此决定通知承包商。若在此期限内未收到业主的决定，则视为咨询工程师的建议已被接受。

如果合同中规定的某些工作内容尚未完成，业主也可以决定开展临时验收，前提是承包商保证在 3 个月内完成这些工作内容。这些工作确认完成后，要记入报告，该报告的编制条件与咨询工程师预验收报告的编制条件相同。

如果在工程中发现某些部分未达到合同标准，承包商必须在业主规定的期限内对相应的问题或缺陷进行补救，如果业主没有规定期限，则必须在最终验收前 3 个月内完成补救。

如果这些问题或缺陷并未实质性地影响工程的安全性、性能或使用，并且鉴于缺陷规模较小，符合标准的难度较大，那么可以考虑不对这些缺陷进行修复。在这种情况下，业主会与承包商协商，以降低工程成本作为补偿。如果承包商接受降价，该部分应予以验收。

如果缺陷和问题影响工程的安全性、性能或使用，承包商必须修复这些缺陷，修复后重新验收，验收结果取决于这些缺陷的修复情况。

如果工程没有在规定的工期内完工，业主可责令承包商赶工，承包商承担相应的费用和风险。

业主对工程的任何占用都必须在验收之后进行。但是如果有紧急情况，可以在验收之前进行占用，但是双方须事先编写一份场地情况说明。

在临时验收过程结束时，承包商应负责清理工地，移除所有机械、供应品、设备、剩余材料、废弃物以及各类临时结构，保持施工现场清洁整齐。但是，承包商可保留在保修期内履行维修义务所需的相关机械、供应品、设备、材料和临时结构，直至保修期满。

3. **最终验收**

除非另有规定，一般在临时验收报告发布后的一年内开展最终验收。在此期间，承包商承担合同规定的保修义务。

临时验收后 10 个月内，咨询工程师会向承包商提供详细的缺陷清单，但不包括因正常磨损、滥用或第三方行为造成的缺陷。承包商有 2 个月时间按合同条件修复这些缺陷，并将带有施工细节的修复清单反馈给咨询工程师。

确认工程经过正规检查后，业主将在 2 个月内发布最终验收报告。最终验收标志着合同履行的结束，双方义务解除。在最终验收前，业主、咨询工程师和承包商应结清所有账单，合同终止时，业主需支付给承包商以下款项：

（1）按照合同约定的价格支付已完成工程部分的费用。

（2）承包商为项目而采购的设备和材料费用。

（3）分包商或供应商因合同终止提出的赔偿费用。

（4）移除场地临时建筑和设备的费用（将设备运回承包商所在国或其他不增加额外费用的目的地）。

（5）与项目相关的工人和人员遣返至原籍国的费用。

（6）其他为完成项目需承包商承担的相关费用和责任。

企业可参照国内工程项目竣工决算的做法进行上述工作，通过竣工决算与概算、预算的对比分析，考核投资控制的工作成效与投资结果。项目所有账单结算后业主应按时支付进度款，最终验收完成后应释放质保金。除特别规定的情况外，科特迪瓦境内工程和服务的所有结算和付款均须使用西非法郎法定货币。

五、第五阶段：投产运营

（一）项目运营

如果合同中约定由中方公司负责运维，则在验收合格进入投产后，中方公司应立即组织人员开始项目运维工作。而在验收前期，中方公司就应做好相应的运营前期准备工作，如提前招募并培训当地运维人员，管理人员提前进场，提前购置办公和生活家具，做好技术交接等工作。

对于运维模式选择，实践中通常有业主自行运营维护和外部运维商运营维护两种模式。如果我国承包企业不具备专业的运营维护能力，建议企业就项目的运营维护聘用有经验的运维商作为自己的运营维护分包商，或者由项目公司直接聘用外部专业运维商对项目进行运营维护，以确保项目在运营期内得到有效的运营、检修和维护，保持项目的持续可用性，进而保障项目投资成本和收益的回收。

（二）保修

由于项目地处国外，工程施工完成交付生产运营后，多数承包商需要撤回国内，保修和后续服务的方式、责任与期限需要在工程合同中明确细化。

科特迪瓦工程项目的保修期大多为 1 年，在保修期内，承包商要承担所谓的“完美竣工义务”。为此，承包商要负责：

（1）完成收尾或恢复工作。

（2）对业主或咨询工程师指出的所有问题进行修复。

（3）根据具体情况，执行其在保修期内咨询工程师提出的、认为必要的任何强化或修改工作。

（4）按照施工情况向咨询工程师提交竣工图纸。

（2）和（3）所述的问题如果证明是承包商的原因，修复费用由承包商承担。保修义务不包括因使用或正常磨损所需的补救工作。日常清洁和维护责任归业主承担。

（三）项目后评价

工程项目的后评价是工程项目竣工投产、生产运营一段时间后，对项目进行系统评价的一种技术经济活动。项目后评价内容主要包括：

（1）影响评价——对项目投产后各方面的影响进行评价。

（2）经济效益评价——对项目投资、国民经济效益、财务效益、技术进步和规模效益、可行性研究深度等进行评价。

（3）过程评价——对项目的立项决策、设计施工、竣工投产、生产运营等全过程进行评价。

中国国内项目后评价一般按三个层次组织实施，即项目法人的自我评价、项目所在行业评价和各级发展计划部门（或主要投资方）的评价。

企业在科特迪瓦投资项目首先应进行项目法人的自我评价，组织项目相关部门编写项目总结，从项目的前期准备到竣工验收，全面系统地总结各个阶段的实施过程，查找问题，分析原因；对项目的工程技术效果、财务效益、经济效益、环境影响、社会影响等进行分析评价，对照项目可研评估结论和主要指标找出变化与区别；对项目目标的实现程度及适应性、项目的持续发展能力及问题进行分析评估得出项目后评估结论，总结经验教训，提出对策。

六、在科特迪瓦开展工程的其他注意事项

（一）处理与政府和议会的关系

在经济事务责权范围中，科特迪瓦中央政府起决定性作用，地方政府责权有限。中资企业与当地政府交往应注意发展和谐关系。

（1）培养感情，建立关系。根据业务开展情况，直接登门与有关部委和总局相关人员联络，建立业务关系和信息渠道。与科方政府人员交往应注意着装。当地政府官员衣着讲究（男士基本是西装，女士为职业装或民族装），如赴约人服饰休闲或随便，将被视为不尊重对方。同时应注重礼节。当地人很注重礼节，后辈尊前辈，年轻人尊年长者，下级尊上级，后来者尊先到者。要以礼待人，见面时先与在场人员问候打招呼。另外还要诚信守诺，要说到做到，履约守信，赢得办事官员的信任和尊重。

（2）把握好与政府党派之间的关系。科特迪瓦政府由多党组成，政党之间相互制约。为了方便工作，应对相关人员的政治背景有所了解，同时把握有度，避免卷入矛盾纷争。

（3）慎重承担地方政府部门项目。科特迪瓦每个省都有一个地区发展顾问委员会。该部门除人头费用外，基本没有其他经费，中资企业在承揽这些部门的项目时要慎重，以免给企业带来损失和不利影响。

（4）处理好与科特迪瓦各部族之间关系。中资企业应对各部族的相关情况有所了解，工作中处理好这些关系，与各部落保持适度距离。

（二）妥善处理与工会的关系

科特迪瓦各种工会和行会很多，罢工时有发生。在科特迪瓦政府

未强求外国企业参加当地工会和行会时，中资企业一般不要参加当地工会和行会。

（三）密切与当地居民的关系

当地居民对中资企业比较友善，普遍认为中国人诚实守信，真心实意为他们做事。中资企业应保持并发展与当地居民的和谐、友好关系。在交往中应注意：

（1）当地居民注重礼节，互相不认识的人相见时也主动问好，中方企业人员要先打招呼后办事。

（2）当地一些失业人员靠帮他人看车、擦车玻璃、搬东西等挣点小费，如愿意接受服务，应酌情付小费（100~500 西非法郎），如谢绝服务，应谨记婉言谢绝，切忌粗暴对待。

（3）不要以大国强国自居，瞧不起当地居民，也要避免使用可能被误认为是种族歧视的言论，防止被认为歧视当地民众。

（4）说话做事应在情在理，如果错了就必须承认错误并赔礼道歉。

（5）积极参加公益事业活动，回报社会。

科特迪瓦曾遭遇长期战乱，民众生活水平较低，基础设施落后，中资企业应在能力允许的情况下，适当开展公益活动，回馈当地社会。新冠疫情发生初期，科特迪瓦部分民众由于轻信关于疫情的谣言和虚假信息，对中国人产生了一定偏见。但基于两国长期友好合作关系，同时随着中国疫情防控工作取得阶段性成效，并不断加强同世界各国合作抗疫，加强对非洲包括科特迪瓦在抗疫方面的无私支持和援助，以及在科中资企业和商会通过捐赠物资等方式积极助力科特迪瓦抗疫工作，科特迪瓦民众对中资企业及其项目仍保持客观和总体支持的态度。

[**案例** 5-23]

阿比让供水二期项目设立与社区民众顺畅的沟通渠道，通过电话、邮件、定期与非定期会议等方式，实现项目与社区民众的充分交流，营造政府放心、民众满意、企民和谐的营商环境。

阿比让供水项目分两期进行，每日共生产饮用水 16 万立方米，使当地居民用上符合国家饮用水卫生标准的生活用水，彻底解决了供水短缺的问题，提高了水资源的配置效率，为当地居民和企业的正常生产生活提供了可靠保障。同时，项目为沿线因管道安装受到影响的居民提供补偿，或重修相关受损房屋，使之得到妥善安置；并帮助社区翻修围墙和木薯加工房，修理孤儿院排水沟和草坪绿化，帮助工艺品市场商户临时搬迁和恢复摊位等，切实回馈社区，惠及当地百姓。

点评：

阿比让供水二期项目完工后，当地政府和媒体均对项目给予了高度评价，认为“项目很好地解决了首都阿比让的供水问题，作为关系阿比让市民用水的民生性保障项目，项目虽然本身盈利能力相对较弱，但直接惠及百姓，提升人民生活质量和用水安全，影响广泛，具有显著的社会效益，带动阿比让经济民生发展的同时，也较好地促进了中科两国人民的友谊。”

（四）尊重当地风俗习惯

科特迪瓦历史悠久、文化古老、部族众多，绝大多数居民信奉拜物教、伊斯兰教和基督教，风俗礼仪因聚居区域、生活习惯、宗教信仰、语言文化以及历史渊源的不同而各异。中资企业人员应尊重当地风俗习惯，在工作交往中还需注意以下几点：

（1）见面打招呼。科特迪瓦人见面先握手相互致意（说一些表示友好与祝福的话语），彼此熟悉的朋友见面，一边相互用右手热情握手问候，一边用左手搂住对方的腰，直到谈话结束时方才松手道别，以示老朋友的真诚友好。

（2）称谓。科特迪瓦是一个非常讲究称谓的国家，得体的称谓可以给人留下一个文明礼貌的印象并博得对方好感。对男士称“先生”，对已婚或者戴着结婚戒指的女士称“夫人”，对未婚女子称“小姐”，对不明婚姻状况的女士可以称“女士”。上述称谓也可同姓名、职务、职衔连起来称呼。对于那些拥有部长及以上、大使（外交职衔）等职衔的政府高级官员，可以称为“阁下”，也可以同职务或者“先生”联称。对于医生、法官、律师、教授、博士等人士可以同其学位、姓氏、“先生”联称。对于宗教界人士，可以称对方的教职、姓氏加教职或者“先生”。

（3）尊老敬长。科特迪瓦人把是否尊老敬长当作衡量一个人是否有修养、讲礼貌的基本道德标准。

（4）朋友约会，应事先联系，准时赴约。进入主人家时，如见客厅里铺有地毯，最好进门脱鞋，以示尊重。如知道主人会留吃饭，应准备一些有纪念意义的礼物送给主人。

（5）请当地朋友吃饭。科特迪瓦人多数以大米、玉米、甜薯为主食，副食为牛羊肉、鸡、鸭、鸡蛋、鱼以及西红柿、卷心白菜、土豆等蔬菜。口味上一般喜爱油腻，而且习惯吃大块的牛羊肉，不爱吃肉片、肉丝、肉丁之类的菜肴，食量一般都比较大。烹饪菜肴爱用椰子油、棕榈油、香叶、尖椒等作调料，但每个人的口味也不一样。所以，在请当地朋友吃饭前，应问清楚对方的爱好。要切记伊斯兰教徒不喝酒、不吃猪肉的饮食习惯。

（五）承担必要的社会责任

在经贸合作关系中，当地政府对外国公司的社会责任没有明确硬性规定。但中资企业可根据自己的条件和需要酌情尽责，如积极参加社区活动、雇佣当地人、增加就业、捐助学校等。

［案例 5-24］

中国水利水电建设集团承建的苏布雷水电站项目，自开工以来，共有 1000 多名员工参与项目建设，其中 80%为科特迪瓦籍员工，为解决当地民众就业作出了突出贡献。

（六）依法保护生态环境

科特迪瓦政府对生态环境保护非常重视，为此制定的相关法律与法国等西方国家的法律几乎相同。科特迪瓦生态环境保护法涉及的领域很多，各领域生态环保的标准也不一样。

［案例 5-25］

2006 年 8 月 18 日，一艘装着 528 立方米剧毒液体垃圾的外轮停靠阿比让港，港口有关人员觊觎 2800 万欧元重金，同意卸下这批垃圾，并非法倾倒在阿比让市区和郊区，严重损害了当地人的身心健康，造成了震惊世界的毒垃圾事件，产生了极坏的影响。科特迪瓦国家律师要求肇事者赔偿 3700 亿西非法郎。2008 年 10 月 22 日，法院判处有关公司总经理 20 年有期徒刑，期满后 10 年内不准进入科特迪瓦。

点评：

中资企业应以此为鉴，在科特迪瓦开展生产经营，要注意环保问题，严格遵守当地有关环保的法律法规，切实保护环境。

（七）懂得与媒体打交道

中资企业在应对当地主流媒体中应该采取的态度和技巧：

（1）应低调处事，无事不要主动接近当地主流媒体。

（2）如果当地媒体对中资企业有失实报道，给中资企业造成不良影响，应找有关部门负责人澄清事实，讨回公道，挽回影响，但应保持一定的风度。

（3）如果中资企业确实做错了事，当地媒体要对此曝光，应妥善处理，以免造成不良影响。

（4）如果媒体为了正面宣传中科合作而采访中资企业时，应多谈及中科合作是互补双赢共发展，中科合作的领域广阔、潜力很大等。

（八）与执法人员打交道

科特迪瓦警察、检察、税务等执法人员在社会管理中的一般职责与其他国家的同岗位人员的职责基本相同。中国公民要学会和他们打交道：

（1）学会与交警打交道。交警拦车检查时，应及时把车停靠在路边，并主动把驾照和汽车的所有证件给交警检查。如因闯红灯、超速等违章被交警拦车时，应及时把车停靠在路边，向交警承认错误，并请求原谅，按规定缴纳罚款，不要无理取闹。如果自己确实没有违章而交警误认违章时，可以向交警解释，以便消除误会。如果交警不听解释坚持罚款的话，理智的做法是交点罚款了事。

（2）学会与刑警打交道。刑警拦车检查时，应及时把车停靠在路边，配合刑警检查身份证件及汽车相关部位。

（3）学会与税务人员打交道。应依法按月份、季度和年度及时向有关税务部门报税和缴税，并保存好报税和缴税的所有材料；平时如有税务人员上门查税，中资企业应把报税和缴税的有关材料出示给他们；按惯例，科特迪瓦税务部门每 3 年组织一次税务大检查。检查中如被发现确有漏税，应酌情与查税人员友好协商解决办理。

（4）学会与劳动监察人员打交道。在与劳动监察人员打交道中应注意：

①收到劳动监察部门的传票后，应根据传票上的时间和地点按时赴约。如因故不能按时赴约，应事先与传票上的联系人说明情况，并争取更改约会时间。

②要向劳动监察员弄清楚被传唤的原因。如中资企业所为合情合理又合法，可以不接受劳动监察部门的调解。如中资企业确实有不合情、不合理或不合法之处，最好同意调解，以免被告到劳动法院。

③调解过程中，应力争有利于本企业的调解方案。中资企业应尽量向劳动监察员说明事实真相，以便让劳动监察员充分了解中资企业情况，作出公正的判断。

④一旦双方达成一致，劳动监察员应当场写一份调解协议书，该协议书一式三份，中方、对方和劳动监察员三方均在协议书上签字盖章，然后各方持有一份协议书原件。协议书有法律效力，应妥善保存。

（5）学会与司法检察人员打交道。如果中国公民或中资企业遇到对自己或企业不公正的事情，在友好调解无效的情况下，可以请当地司法检察部门或委托律师解决；当地司法检察人员一般来说都比较公正。只要向司法检察人员讲清楚情况，并提供真凭实据，打赢官司的可能性非常大；如果败诉，还可上诉，直到讨回公道为止。

（九）传播中国传统文化

中华文化是人类文化的瑰宝，中资企业在科特迪瓦开展投资经营活动应注重传播中华文化，通过文化沟通加强两国联系。

[案例 5-26]

2016 年 5 月 24 日，“中国杂技节”在科特迪瓦阿比让文化宫开幕，科特迪瓦新闻、媒体和法语国家事务部部长等出席开幕演出。文化宫 1500 座大剧场座无虚席，来自中国杂技之乡河北吴桥杂技家们艺惊四座，精彩表演赢得了观众交口称赞。

[案例 5-27]

2017 年 3 月 3 日，科特迪瓦博瓦尼大学孔子学院与科特迪瓦全国中学教师中国之友俱乐部在圣·玛丽女中成功联合举办首届中国文化巡回讲座，传授国学知识，诠释中国文化的哲学背景。

（十）其他

（1）目前，中科关系友好，但个别当地企业对中资企业有一定的戒备心理，担心与其形成竞争。中资企业应尽量避免与其正面竞争，和睦相处。

（2）历史上已形成科特迪瓦市场主要由法国人和黎巴嫩人控制的局面。他们也担心中资企业与其进行商业竞争，中资企业应尽力消除对方的这种心理，公平竞争，共同发展。

Chapter 6
第六章

科特迪瓦投资风险和机会分析

一、科特迪瓦整体营商环境

自2011年瓦塔拉总统执政以来，科特迪瓦GDP增速保持年均7%~8%的水平，经济发展势头强劲，创造了近十年的奇迹。2020年，科经济遭受新冠病毒感染疫情波及。但随着政府不断加强疫情防控，积极落实扶持产业、恢复经济的相关措施，疫情得到有效控制，各类经济活动逐渐步入正轨。

世界知识产权组织发布的《2022年全球创新指数报告》显示，科特迪瓦全球创新指数得分17.8分，在全部132个经济体中排第109名，较上一年度上升5名。在34个低中等收入国家中排第25名，在27个撒哈拉以南非洲国家中排第12名。各分项排名分别为制度（73）、人力资本和研究（122）、基础设施（98）、市场成熟度（122）、商业成熟度（95）、知识和技术产出（104）、创意产出（108）。

与2021年排名相比，科特迪瓦大部分指标排名均有提升，尤其是在基础设施（2021年排名109）和创意产出（2021年排名121）两项指标，排名分别上升11位、13位，仅在市场成熟度和商业成熟度两个指标上有小幅下滑。

（一）外商投资情况

1. 贸易情况

科特迪瓦是西非经货联盟中的最大经济体，是西非国家经济共同体第三大经济体。阿比让港是西部非洲第一大港和西非金融、航运和贸易中心。科特迪瓦市场广阔，可辐射布基纳法索、马里、尼日尔等内陆国家，每年有两三百万吨货物通过阿比让港转至上述国家。

科特迪瓦于1963年12月31日加入《服务贸易总协定》（GATT），1995年1月1日成为世界贸易组织成员；2013年12月，科特迪瓦签署了世界贸易组织协定附件《贸易便利化协定》，该协定于2015年12月批准，国家贸易便利化委员会负责协调贸易便利化实施；2016年9月，科特迪瓦政府与欧盟签署经济合作伙伴协定，该协定于2019年12月生效。

科特迪瓦与中国、日本、葡萄牙、毛里求斯等16个国家或地区签署了双边投资协定，与英国、欧盟签署了区域贸易协定，此外还与比利时、加拿大、法国、德国、意大利、摩洛哥、挪威、葡萄牙、瑞士、突尼斯、英国和西非经货联盟签订了避免双重征税协定。

2. 贸易规模和贸易伙伴

2022年，科特迪瓦进口金额大幅攀升42%至112185亿西非法郎（约186.98亿美元），出口增幅19.6%至102080亿西非法郎（约170.13亿美元）。科特迪瓦的主要出口伙伴是荷兰、美国、法国、西班牙、马来西亚、瑞士、德国和越南。科特迪瓦的主要进口伙伴是中国、尼日利亚和法国。

3. 贸易商品结构

科特迪瓦主要出口的商品为可可、腰果、咖啡、油棕、橡胶、棉花、香蕉、菠萝等农产品，原油、黄金、石化产品以及其他初级加工产品；主要进口食品、轻工、机电、原油、药品等。由于科政府近年来推行“发展产品加工业，减少原料出口，提高产品附加值”政策，原料产品出口明显减少，加工产品（虽然多为初加工）出口数量增加。进口商品中，日用轻工产品、大米、包装材料、汽车等进口量明显增加，因其国内相关产业的迅速发展，水泥、建材、化肥等产品进口量则大幅下降，其他进口商品结构变化不大。

4. **吸收外资情况**

由联合国贸易和发展会议发布的2023年世界投资报告指出，2022年非洲大陆吸引外国直接投资（FDI）与2021年相比下降44%，约合450亿美元。科特迪瓦以16亿美元外国直接投资总额在非洲国家中位列第九，较2021年上涨15%，是少有的较2021年外国直接投资总额上涨的非洲国家。

（二）科特迪瓦营商环境分析

科特迪瓦政府为改善商业环境进行重要的结构性改革，通过建立一站式服务、简化投资程序，改善了对投资者的服务，旨在改善商业环境，提高私营部门的投资水平和金融包容性，同时为包容性增长创造必要条件。

1. **营商环境优势**

（1）政局稳定，经济发展良好。相对于其他非洲国家，科特迪瓦的政治环境相对稳定，政府积极推动民主和法治。科特迪瓦经济增长稳定，并且是西非地区最大的经济体之一，投资者可以从其不断增长的市场中获益。科特迪瓦政府正在积极推动国家经济多元化和私营部门发展，并采取措施改善商业环境，吸引外国投资。

（2）工农业发展有较好的基础，自然资源和人力资源丰富。科特迪瓦农业发展基础较好，是世界第一大可可、腰果生产国。科特迪瓦还是世界第五大、非洲第三大棕榈油生产国。此外，科特迪瓦的棉花、橡胶等产量也在非洲名列前茅。

科特迪瓦拥有丰富的森林资源，盛产非洲红木、檀香木、伊罗科、阿佐贝等珍贵树种，木材一直是科特迪瓦主要出口产品。科特迪瓦渔业资源丰富，是世界第二大金枪鱼出口国，年出口量约为40万吨，主要出口至法国。科特迪瓦也是新晋的石油生产国。此外，科特迪瓦还有黄金、锰、镍、铁等矿藏。

科特迪瓦是非洲重要的制造业大国之一，劳动力资源丰富且成本低廉。

（3）地理位置优势。科特迪瓦位于西非地区的中心，交通便利，是通往周边国家的重要门户，这为跨境贸易和物流提供了便利。科特迪瓦是西非国家经济共同体成员国，也是西非经货联盟成员国，科特迪瓦政府尤其注意和大国及世界组织的合作。科特迪瓦同欧盟签订了《经济伙伴关系协定》，也是美国《千年发展计划》的受惠国，享受不同区域内的贸易便利措施。科特迪瓦同法国、摩洛哥、沙特等国经贸来往密切，并且得到这些国家的政府投资项目。世界银行、非洲发展银行、伊斯兰发展银行也都看好科特迪瓦的发展势头，纷纷投入巨额资金。科特迪瓦可直接辐射布基纳法索、马里、尼日尔等内陆国家市场，每年有两三百万吨货物通过阿比让港转至这些国家。

2. 营商环境劣势

（1）基础设施挑战。尽管科特迪瓦的基础设施正在改善，但仍存在一定的不足，包括电力供应、交通运输和通信基础设施等民生工程亟待修缮。

（2）经济依赖性。科特迪瓦经济高度依赖农业和天然资源，这使得其经济对国际市场波动较为敏感。

（3）安全风险。虽然政治环境相对稳定，但科特迪瓦仍面临来自恐怖主义、犯罪活动和政治动荡等安全威胁。

（4）行政治理有待改善。尽管政府正在努力改善商业环境，但在行政治理方面仍存在挑战，包括效率低下、腐败问题和官僚主义。

3. 近期改善投资环境的措施

自2012年起，科特迪瓦政治局势稳定，外国直接投资显著增加，科特迪瓦经济快速恢复。政府采取了系列举措来改善营商环境，包括引入现代化的政府管理体制、简化行政程序等。政府进行改革的最初目的是提升科特迪瓦在各项国际指标中的排名，但现已将改革列为政府长期发展计划。

（1）设立科特迪瓦投资促进中心。科特迪瓦政府设立科特迪瓦投资促进中心，旨在简化涉及企业开办、运行和扩张等行政手续，协助投资者申请适用相关优惠政策。投资促进中心在阿比让设立了单一商业窗口，提供一站式企业注册登记公共服务，投资者可在线创建企业并获得唯一标识符号。企业通过投资促进中心完成注册并发布成立声明平均用时为3天，费用为15000西非法郎。

（2）政务办理数字化。科特迪瓦建筑许可证一站式办理窗口于2016年建成，由建设、住房与城市化部运营管理。建筑许可证一站式办理窗口创建了公开的线上办理流程，简化并加快了申请建筑许可证的行政手续。根据世界银行发布的《2020年营商环境报告》，在建筑许可证一站式办理窗口获得水务、税收等所有主管机构的批准并获得城市规划证书平均需要10天，费用为21000西非法郎；在建筑许可证一站式办理窗口获得建筑许可委员会签发的建筑许可证平均需要30天，费用为50000西非法郎。

科特迪瓦建立了单一在线纳税申报和支付系统，包括社会保险费的申报与缴纳，采用在线管理系统处理增值税现金返还，简化纳税程序并有效缩短办理时长。

科特迪瓦对外贸易单一对外贸易窗口于2013年创建，集合了所有与外贸有关的行政程序办理信息和服务，旨在加快和简化外贸行政程序，2019 年实现全面运作。相关事项主管部门为贸易与工业部、海关总署、经济与财政部。

（3）完善商事司法体系。阿比让商业法院于 2012 年设立，旨在有效处理商业纠纷以改善营商环境。2019—2020 年，科特迪瓦在促进合同执行方面的举措包括：（1）建立筹备会议，缩短案件办理时长；（2）完善小额赔偿特别程序；（3）阿比让商业法院在线公布司法案件统计数据。由于科特迪瓦商业法院公开了关于司法业绩和案件进展情况的报告，合同的执行得到了简化。科特迪瓦的合同执行、解决破产排名位于西非国家前列，其中合同执行的平均时长为 525 天，执行的法律费用为标的财产价值的 41. 7%。

（4）实施新《投资法》。科特迪瓦新《投资法》为外国投资者提供激励措施，包括营商环境的优化措施。《投资法》于 2019 年底和 2020 年进行了修订，提供的优惠政策包括税收减免、特定情况下免征私人投资者生产设备增值税、给予外国投资者额外 2%的税收优惠等。

（5）提高治理透明度。科特迪瓦于 2012 年批准了《联合国反腐败公约》《非洲联盟预防和打击腐败公约》《联合国打击跨国有组织犯罪公约》及其议定书，于 2013 年创建善政高级管理局，由科特迪瓦总统管辖，旨在预防和惩治腐败行为。

点评：

一些知名的国际金融机构建议科特迪瓦政府当局应在未来几年在以下领域进行改进，以更好、更透明地解决私营部门关切的问题。

（1）强化监管体系：简化官僚程序，优化公共服务。

（2）推动公共服务和财政管理数字化：利用技术提高效率和透明度。

(3) 扩展职业培训：通过教育和培训减少劳动力市场的不灵活性。

(4) 保障产权：特别是加强土地所有权和转让的法律保护。

(5) 发展普惠金融：通过移动和数字平台提高金融市场的可获得性。

(6) 缩短政府支付周期：减少政府付款时间的不确定性。

(三) 外国援助

1. 联合国援助

2013年3月，联合国与科特迪瓦签署联合国援助发展框架计划(2013—2015年)，联合国将向科特迪瓦提供3.426亿美元的援助，用于增加就业、保护环境和可持续发展、教育、卫生、防治艾滋病、饮用水安全等。

2. 世界银行援助

世界银行于2016—2019年期间对科特迪瓦援助24亿美元，由其下属两家机构负责具体实施，其中，国际开发协会出资7亿美元，国际金融公司出资17亿美元。根据世界银行要求，国际开发协会提供的资金是为了帮助科特迪瓦获得更多投资，不能将其直接用于项目建设，国际金融公司提供的资金是为了帮助科特迪瓦政府发展本地可可加工。

3. 世界货币基金组织援助

2009年3月，科特迪瓦达到国际货币基金组织“重债穷国”减债计划决策点，被正式列入减贫促进增长计划。2012年6月，科特迪瓦达到“重债穷国”减债计划完成点，获得减免总计44亿美元债务(“重债穷国”减债计划和“多边债务”减债计划合计)。2017年国际货币基金组织宣布向科特迪瓦提供1.365亿美元贷款。2023年世界货币基金组织宣布向科特迪瓦提供35亿美元贷款。

4. **欧盟援助**

2013年2月，欧盟宣布将向科特迪瓦提供1.15亿欧元（约合756亿西非法郎）的预算援助，支持科特迪瓦政府巩固和平、减少贫困、实现经济增长。2017年8月，欧盟赠予科特迪瓦115亿西非法郎以支持其农业项目。

5. **法国援助**

法国是科特迪瓦重要的援助来源国，2011年，法国率先介入科特迪瓦恢复重建进程，向科特迪瓦政府提供3.5亿欧元援助。2012—2015年，法国累计向科特迪瓦提供6.3亿欧元发展援助，此外，还向科特迪瓦额外提供5000万欧元，用于向小微企业发放贷款。

6. **美国援助**

2016年初，科特迪瓦总理敦坎宣布，科特迪瓦在个体自由、反腐败、医疗、教育支出等方面通过美国千禧年挑战公司的评估，自2016年起，美国将在5年内向科特迪瓦提供5亿美元的发展援助。

7. **日本援助**

2012年3月，日本政府决定免除2012年6月1日到期的1100亿西非法郎（约合2.2亿美元）债务，要求科特迪瓦政府将其用于减贫和发展等国家发展战略。2014年1月，日本首相安倍晋三访科期间承诺日本将向科特迪瓦提供770万美元援助。

科特迪瓦经济与财政部数据显示，2018年，科特迪瓦共获得3.76亿欧元国际发展援助。2020年，科特迪瓦接受国际援助共4.29亿欧元，包括2.64亿欧元项目援助和1.6亿欧元特定计划援助等。特定计划援助主要由法国减债发展协议和西班牙债务转化计划所免债务构成，其中有1.13亿欧元来自法国减债发展协议所免债务。

(四) 中科经贸关系

1. 总体情况

中科两国政府间签有贸易协定、投资促进和保护协定、“一带一路”合作备忘录以及产能合作协议。两国建交以来，中国公司参与了科特迪瓦多个基础设施项目建设，包括科特迪瓦重大发展项目苏布雷水电站、科特迪瓦国家电网发展和改造、阿比让港口改扩建，以及多个村居市政建设项目。

随着科特迪瓦经济迅猛发展，中国已成为其第一大贸易伙伴。在务实合作领域，中国对科特迪瓦政府的援助、优惠贷款、商业贷款、直接投资齐头并进，中资企业在科特迪瓦工程承包市场大展身手、表现活跃。科特迪瓦日益增长的发展刚需与中方强大的基建能力相契合，未来不断深化贸易合作，或许能为双方经济发展带来新的增长点。

2. 双边贸易情况

2022 年，中国与科特迪瓦双边贸易额 44.6 亿美元，同比增长 18.8%。其中，中方出口 34.9 亿美元，相比 2021 年同期增长了 3.7 亿美元，同比增长 12.1%；进口 9.7 亿美元，相比 2021 年同期增长了 3.3 亿美元，同比增长 51.2%，贸易差额为 25.2 亿美元。

2023 年，双边贸易额为 52.8 亿美元，同比增长 21%，其中中方出口 42.1 亿美元，同比增长 23.9%，进口 10.7 亿美元，同比增长 10.6%，贸易差额为 31.4 亿美元。

2024 年 1—6 月中国对科特迪瓦出口商品总值为 19.6 亿美元，相比上年同期减少了 1.8 亿美元，同比下降 6.7%；中国自科特迪瓦进口商品总值为 3.8 亿美元，相比上年同期减少了 1.7 亿美元，同比下降 29.6%。

中国对科特迪瓦出口商品主要类别包括日用品、电器、机械、钢铁及其制成品、汽车、化学制品、鱼类、塑料制品、橡胶制品、瓷砖、玻璃和石材等。中国从科特迪瓦进口商品主要类别包括橡胶、棉花、可可、鱼类等。

3. **双向投资**

据商务部统计，2022 年，中国对科特迪瓦直接投资流量 2.23 亿美元；截至 2022 年底，中国企业对科特迪瓦直接投资存量 8.1 亿美元。

4. **承包工程**

据商务部统计，2020 年，中资企业在科特迪瓦新签承包工程合同 44 份，新签合同额 59.85 亿美元，完成营业额 9.17 亿美元。累计派出各类劳务人员 1080 人，年末在科特迪瓦劳务人员 1407 人。

2021 年，中资企业在科特迪瓦承包工程完成营业额 10.67 亿美元，2022 年为 15.66 亿美元，呈逐年显著上升趋势。

二、科特迪瓦投资风险分析

近年来，科特迪瓦在优化营商环境方面作出了诸多努力，但仍有较大提升空间。根据国际知名出口信用保险机构科法斯 2022 年国家风险评级结果，科特迪瓦的商业环境风险评级为 B，国家风险评级为 B，属于较高风险。

以下从政治风险、经济风险、法律风险、社会风险等方面对科特迪瓦投资风险进行分析。

（一）政治风险

政治风险是指由于东道国国内政治、社会、法律等因素在国内或国际环境的影响下发生了难以预料的重大变动，从而导致投资国企业的利润或经营目标无法持续的可能性。对于该类风险，一般的防范措施为：特许权协议必须得到东道国政府的正式批准，并对项目付款义务提供担保；向国家出口信用保险公司投保政治保险。

科特迪瓦在政治方面的风险主要表现在以下方面。

1. 政局风险

科特迪瓦在21世纪初经历了严重的政治动荡和武装冲突，主要是由于选举引发的政治争端。该冲突导致了国家分裂为北部叛军控制的地区和南部政府控制的地区，造成了严重的人员伤亡和经济破坏。

当前，科特迪瓦政局总体稳定。2020年10月31日总统大选中，现总统瓦塔拉以94.27%的得票率获胜，第三次当选科特迪瓦总统，任期五年。总统选举前后，反对派支持者抵制瓦塔拉的行动引发多起冲突，造成至少85人死亡、484人受伤。当年11月11日，科特迪瓦总统与反对派代表就实现国家稳定进行对话，双方承诺将为实现国家稳定共同努力。

与此同时，瓦塔拉政府致力于加强该国北部地区的安全系统，以防止布基纳法索、马里和几内亚等北部和西部邻国日益加剧的政治动荡加大该国的安全威胁，影响投资者的信心。

综上，政治风险仍然存在，尤其是在政治局势不明朗或经济压力增加的情况下。在与科特迪瓦有关的商业活动中，了解国家的政治和经济情况，制定风险管理策略，可能对作出明智的决策和减少风险产生重要作用。

2. 行政程序风险

科特迪瓦各类行政手续烦琐、税种多，政府效率不高，海关检查效率低，在世界银行2020年营商环境评分中，“跨境贸易”一项得分低于撒哈拉以南非洲国家平均水平，其中出口合规检查平均需 239 小时，费用为 423 美元，进口合规检查平均需 125 小时，费用为 456 美元。

虽然政府正在简化采购、税务和监管等部门的操作程序来提升行政效率，但是投资者对此还是持保留意见。例如，2019 年通过的新《公共采购法》于 2021 年开始实施，引入了电子采购系统，并改进了评估、优先级设置、选择和监控流程，但投资者对该线上系统的一致性和透明度存疑。税务在线办理系统也引起了类似的担忧。

中资企业最好聘请当地资深律师、专业税务师、会计师和报关机构协助办理相关业务，确保公司合法运作，避免时间和金钱损失。

3. 征收风险

科特迪瓦宪法保障拥有财产的权利和免于无偿征用的自由。在符合公共利益的情况下，政府可以在征用财产时给予适当补偿（基于公平市场价值）。然而，政府的腐败行为以及不完善的司法机制导致征用私人财产时执行不力，特别是当有关实体是外国公司，而原告是科特迪瓦人或长期定居的外国居民时。

4. 腐败风险

国际非政府组织“透明国际”发布报告，评估 2023 年各国公共部门腐败状况。该报告根据世界银行、世界经济论坛、多家智库等机构数据，计算了 180 个国家和地区的清廉指数，评分从 0（最腐败）到 100（最清廉）不等。科特迪瓦清廉指数为 40，在全球 180 个国家中排名第 87 位，较 2022 年提升了 3 位。科特迪瓦存在腐败风险，但当局致力于打击腐败行为，该项风险可控。

点评：

为加强 2013 年启动的《善治和打击腐败国家计划》，科特迪瓦于2023年12月最终确定了《2023—2027年打击腐败国家战略》。2022年建立的腐败和类似犯罪行为侦查和预防系统投入运行，从而加强对腐败活动的监督。政府还将进一步加强高级管理局理事会、经济和金融刑事调查局以及司法财政局对打击腐败的力度。关于高层官员资产申报的宪法要求，将采取必要措施提高遵守率，从2020年8月的79.2%提高到2024年的90%。

在反洗钱/打击资助恐怖主义框架方面，科特迪瓦政府将实施2022年3月颁布的指定非金融企业和行业监管制度，并通过反洗钱/打击资助恐怖主义评估的优先改革。这些改革包括为其他重要的非金融部门指定反洗钱/打击资助恐怖主义的监督机构，实施联合国有针对性的金融制裁，以及采取必要措施，确保法律实体的透明度符合经修订的反洗钱金融行动任务组标准，并采取措施更新国家风险评估和国家反洗钱/打击资助恐怖主义战略。

（二）经济风险

经济风险主要指所在国的经济发展形势、利率、汇率、外汇可兑换性等方面的风险。该类风险一般的防范措施为：就目前国际金融状况而言，项目融资全部以美元或人民币进行贷款，通过远期外汇买卖、外汇买卖掉期、货币期权等金融工具规避汇率风险。

1. 债务可持续性风险

2022年，科特迪瓦公共债务存量接近GDP的57%，而2021年大约为GDP的51%。由于非减让性借款、国际和地区市场条件收紧以及汇率波动，偿债额也急剧增加，利息支出增加，期限缩短。因此，债务可持续性风险加剧。虽然当局确认没有外债拖欠，但是科特迪瓦的主权风险评级仍然是撒哈拉以南非洲地区最高之一。

点评：

国际货币基金组织就非洲国家的债务排名进行统计，截至2023年12月初，科特迪瓦以21.2亿美元的债务位列非洲第四。

同时，科特迪瓦通过债券市场运作筹集了近26亿美元，从而引人注目地进入了国际舞台。这笔贷款是撒哈拉以南非洲国家两年来首次发放的贷款，体现了国际投资者对科特迪瓦经济的信心。

本次募集资金将主要用于旧债再融资和国家签约贷款。这表明科特迪瓦能够突出其经济实力和基本面，让投资者相信其有能力偿还债务。

科特迪瓦进入国际债券市场为该国带来了新的机遇，使其融资来源多元化并吸引国际投资者的关注。

2. **财政赤字风险**

尽管正在进行的税收征管改革使总体税收持续改善，但从财政状况来看，2023年科特迪瓦预算赤字预计占该国GDP的5.2%，高于预期的4.8%。这主要反映了安全支出的增加，以及为抑制石油相关产品的价格而放弃征税和向受俄乌战争影响的各行业提供补贴所带来的税收减少。基于此，科特迪瓦政府此前对2023年国家预算进行了调整，预算规模由最初计划的116944亿西非法郎（约195亿美元）修正为125087亿西非法郎（约209亿美元）。该项风险可控。

3. **通货膨胀风险**

科特迪瓦通货膨胀率有所上升，但仍在可控范围内。科特迪瓦经济预测、政策和统计局数据显示，科特迪瓦通货膨胀率在2021年和2022年分别为4.2%和5.2%，2023年11月通货膨胀率为3.7%，与10月持平，但商品和服务价格增幅与10月相似，表明该国生活成本在持续上升。物价上涨主要体现在食品和非酒精饮料价格飙升，此外，交通、住房、水、气、电和其他燃料以及餐饮和酒店等价格也出现大幅上涨。在科投资中企经营和生活成本有所上升，该项风险中等。

4. **汇率风险**

科特迪瓦和其他七个西非经货联盟成员国实行统一的货币政策，共用统一货币西非法郎，实行与欧元挂钩的汇率制，汇率风险较小。

5. **外汇管制风险**

科特迪瓦实行外汇管制政策，外资企业在科特迪瓦境内不允许开设外汇账户。外汇进入首先要折算成当地货币方能提取。科特迪瓦市场只许西非法郎流通。外汇汇出时需出具有关贸易单据，经科特迪瓦经济与财政部审核方可汇出。汇出外汇需缴纳约5%的手续费，但不需交税。没有证据表明科政府会在近期改变外汇政策。该项风险为低。

（三）法律风险

法律风险主要指涉及土地法、税法、劳动法、环保法、合同法、招标投标法等法律法规的更改和变化所引起的项目成本增加或收入减少等风险。对于该类风险一般的防范措施如明确因违约、歧义、争端的仲裁在双方都认可的第三国进行。

1. **法律合规风险**

在科特迪瓦承包工程主要受当地的公司注册与合同、劳动用工、税务、环境保护、反贿赂等法律法规的制约。详见本书第四章“科特迪瓦有关法律规定”。

点评：

合规是对中资企业开展境外经营最基本，也是最根本的要求。我国企业应合法合规合理地开展业务，切勿“走捷径”“打擦边球”。不然不仅会被所在国纳入“黑名单”，遭受经济和法律的制裁，同时也给整体国家形象带来不良的影响。

2. **法律差异风险**

科特迪瓦法律较多由法国法律演变而来，与中国法律体系相差较大。中资企业应事先完整调研并学习科特迪瓦行业内相关法律法规，避免出现认知差异。同时，合同谈判中应明确后续争议的解决方式，争取可以采用第三方仲裁的形式解决争议，避免项目开展过程中可能产生的法律风险。

点评：

中国企业在进入科特迪瓦之前，需要对其法律环境进行全面的了解，最好聘请在大型中资或者华人律所工作的律师作为公司法律顾问。另外，应加强项目法律部门人员对其法律制度的学习，建立相应的法律知识信息系统，制定法律差异预防措施。

3. **法律变更风险**

科特迪瓦具有高度适应性的特征，科特迪瓦官方会不断出具新的法律条文以适用于最新情况，透明度低，这要求中资企业及时了解相关行业的最新法律变更情况。科特迪瓦使用的法律文本会在《官方公报》上公布，该公报为科特迪瓦的官方法律公告杂志。同时，除官方来源外，科特迪瓦的法律文本可以在部分公共机构网站查询，如1955年成立的国家法律文献中心，科特迪瓦所有的法律文本均可以在该中心查阅。

4. **法律执法风险**

科特迪瓦法治化程度不高。司法机构存在较严重腐败，法律监管和执行不到位，各种手续比较烦琐，一些机构办事效率有待提高。2023年世界正义工程（WJP）法治指数评估了全球142个国家和司法管辖区，科特迪瓦指数得分较2022年不变，仍是0.45，排名较2022

年上升2位，为106。在34个撒哈拉以南非洲国家中，总体排名16，在“监管执行”方面，得分0.52，排名第8；在“民事司法”方面，得分0.51，排名第9；在“刑事司法”方面，得分0.36，排名第18。这可能会使外国投资者处于不利地位。

5. 投资监管风险

作为西非法语区国家，科特迪瓦的法律体系受法国影响较大，同时其商业法律遵循《非洲商法协调条约》。该条约是由非洲商法协调组织设定的，17个西非法语国家是其成员国，共用统一的司法与仲裁法院。总体上来说，科特迪瓦对外商投资非常欢迎，监管力度不大，但需要注意的是，交通、商业、房地产等关键领域的投资需要向投资促进中心提交申请，而银行、金融业投资则需要向西非国家央行申请。

6. 税收法律风险

科特迪瓦税法主要参考法国税法体系，税法健全，税率较高，税种繁多，而且持续更新。中资企业需要利用好科特迪瓦对投资企业的税收优惠政策，同时通过调研考察和磋商，全面了解和熟悉当地税法，做好外账工作，依法纳税及合理避税。

7. 环境法律风险

科特迪瓦对生态环境保护非常重视，为此制定的相关法律与法国等西方国家的法律几乎相同。科特迪瓦生态环境保护法涉及的领域很多，各领域生态环保的标准也不一样。所以，中国企业在科特迪瓦开展投资生产经营前，首先要把环保法了解清楚，尤其是对新增项目，必须了解清楚涉及的环保问题。尽量避免违法并造成不良影响，开展承包工程企业应遵守当地环境影响评估和施工手续办理等相关规定。

（四）社会风险

社会风险主要指所在国的社会文化环境、基础设施建设、治安安全、医疗卫生等可能给企业和个人带来财产及人身方面损害的影响因素。这类风险一般的防范措施为：尊重当地风俗习惯，密切与当地居民的关系，做好安保防范措施以及相关风险识别和规划。

1. **基础设施不足**

科特迪瓦的基础设施在某些领域可能不足，包括道路、交通、通信、供电等。这可能导致运输和通信成本的增加，影响企业的生产和物流效率。

2. **市场风险**

科特迪瓦的经济结构较为单一，其国内经济容易受到外部因素影响，包括农产品和矿产品价格波动、气候变化，以及区域国际金融市场收紧等。企业在进行投资决策时，必须全面考量当地市场因素和国际市场行情，认真做好可行性研究分析，包括对产品价格趋势、需求量变化、目标客户及潜在竞争对手的研究和分析。企业拥有足够灵敏的市场感知力，才能迅速及时地作出市场决策，在竞争中取得成功。

3. **自然灾害风险**

根据联合国政府间气候变化专门委员会的报告，全球气候变化对科特迪瓦的生态经济有双重威胁。一方面，科特迪瓦又名象牙海岸，就是因为其南部沿海区域的繁盛，但南部城市抵抗风险能力差，而极端气候下洪水频发，将遭受巨大资源损失；另一方面，北部农业为主的乡村地区，又受干旱气候的影响，食品安全受到威胁，农村人口的收入、就业也成为不确定性因素。因此，无论是在科特迪瓦创业或者投资，都需要增强对气候变化这类系统性风险的关注。

4. **卫生安全风险**

科特迪瓦虫媒传染病多发，常见疾病有疟疾、伤寒、肝炎、脑炎、艾滋病、登革热、寨卡病毒，局部间或出现黄热病、霍乱疫情。雨季

(4 月至 7 月中旬为大雨季，9 月至 11 月小雨季) 蚊虫滋生严重，导致疾病流行。

[案例 6–1]

2022 年 8 月，科特迪瓦卫生部报告发现一例埃博拉确诊病例，为该国 1994 年以来发现的首例埃博拉病例。

[案例 6–2]

2022 年 9 月，科特迪瓦全国累计发现 380 例登革热疑似病例，其中 149 例为 3 级（重症），3 人死亡，病例多发在经济首都阿比让。

5. 交通安全风险

科特迪瓦经济首都阿比让城市公共交通主要以出租车和公交车为主。由于出行车辆较多和道路基础设施得不到及时维护，导致路况较差，交通拥堵日益严重。

6. 社会治安风险

科特迪瓦偷盗、抢劫等事件时有发生；社会骚乱较常见，尤其是大学校园周边，学生和教师团体常就教育资源、奖学金、研究经费、住宿等问题发起抗议，社会不安定因素仍长期存在。企业应切实加强安保措施，注意生命财产安全。应做到以下要点：

（1）在市区尽量夜间不要外出，不要去不健康的场所。白天不要单独去安全状况差的街区。如必须去，需结伴而行并预先告诉至少一位朋友。不要佩戴贵重首饰或携带大量现金。建议外出时携带少量现金，以便在紧急时刻做安抚时用。开车时必须关闭车窗并紧锁，不要在座位上放置任何东西，堵车时尤其要保持警惕，要特别注意附近停靠的车辆，要警惕被人跟踪。

（2）尽量避免去外省。如必须前往，请预先通知认识的朋友。为避免发生“拦路打劫”事件，要避免天黑后出行，更要避免独自一人出行。因部族冲突及战争难民问题，应尽量避免去西部地区或靠近利比里亚边境地区，非去不可时一定要事先了解那里的形势。

（3）遇盘查证件时：在科特迪瓦旅游、考察、经商须有合法有效签证，出门时应随身携带身份证、居住证或护照备查，以免被无证关押和罚款。遇有警察或宪兵查车验证时，应停车自觉接受检查，切不可视而不见而快速闯关，否则容易发生被追捕和被射击之危险。

（4）遇持械偷盗抢劫时：企业内部平时应注意财务安全和安保措施，谨防“内鬼”与“外贼”里应外合，企业人员发现偷盗情况时，如自身安全受到威胁，不要轻易呼喊或反抗，应将生命安全放在第一位；遇到抢劫时不要反抗，不要做任何动作或手势，因为可能被误以为是反抗，从而招致对方开枪。同时注意对方特征，以便事后报警。歹徒一般分为两类：一是专业抢劫者，他们往往有较强的自控力；另一类是“小流氓”，往往是酗酒或吸毒以后作案，其行为方式难以预料。遇到歹徒时要保持头脑清醒，可将歹徒索要的东西给他（汽车、首饰、手机、现金等），以保命为先。

[案例 6-3]

2022 年 7 月 19 日，科特迪瓦“另类城市青年组织”等民间团体发起全国居家罢工“死城”活动，抗议租金、燃油价格上涨等社会经济、法律及安全议题，谴责政府缺乏相应行动，要求其采取措施解决问题。出现小微企业零星关闭及出租车、银行等服务短缺的情况。

[案例 6-4]

2022 年 7 月 13 日，北部边境登盖莱地区卡巴杜古大区首府奥迭内市发生数起暴力冲突事件，造成至少 2 人死亡、12 人受伤，随后当局实施20时至次日6时宵禁，并至少持续至7月20日。

7. **民俗、宗教风险**

科特迪瓦大约34%的人口是基督教徒，27%是穆斯林；同时，全国有69个民族和自己相应的语言。因此在与科特迪瓦客户交谈时需要注意尊重对方的信仰和习俗，不随意谈论一些相关的敏感话题。

8. **恐怖主义风险**

近年来，与马里、布基纳法索接壤的北部边境地区受到周边国家不安全形势影响，且难以大面积开垦，为恐怖分子提供了“庇护”，地区暴力极端主义存在抬头趋势。2020年5月，科特迪瓦与布基纳法索首次开展联合反恐行动（科莫行动），旨在将极端分子驱逐出边境地区，此次行动发生在科特迪瓦境内。2020年6月，数十名圣战分子袭击科特迪瓦北部与布基纳法索边界附近卡弗洛的一个安全哨所，这是自2016年3月大巴萨姆袭击事件以来，科特迪瓦遭受的第二次大规模恐怖袭击。此次袭击使得科特迪瓦面临与基地组织有关联团体的威胁，导致科特迪瓦安全隐患增加，尤其是科特迪瓦与马里及布基纳法索三国边境地区。

驻科特迪瓦各地，尤其是经济首都阿比让、布瓦凯、行政首都亚穆苏克罗等中心城市的中资企业与在外人员，应依法合规开展境外安全工作，切实防范化解安全风险，扎实开展有关专项工作，认真履行安全主体责任，密切关注“小散远软”薄弱环节。在敏感时期，应避免前往北部边境地区，高度重视国家各项禁令，严格执行相关防控措施，避免相关法律风险。

9. **劳动用工风险**

科特迪瓦《劳动法》对雇佣外籍员工要求较为苛刻，雇主需遵循相关雇佣程序，雇主雇佣和辞退当地人也需遵守《劳动法》规定。科特迪瓦工会等组织影响力大，如工人代表提出提高工资、增加福利等要求，雇主不答应可能引起工人罢工。科特迪瓦诉讼程序复杂，案件平均处理时间较长，一旦发生劳资纠纷，建议雇主优先协商解决，避免通过诉讼解决。

10. 雨季施工风险

科特迪瓦每年 4 月至 7 月中旬为大雨季，9 月至 11 月为小雨季。工程承包项目建设周期较长，往往即使雨季仍需持续施工。雨季施工的难度相对较大，需要采取相应的措施保证工程项目雨季施工的质量。雨季施工的质量会影响后期运营使用，并且工程项目后续的补救比较困难，因此，工程建设项目中必须重视雨季施工对项目建设的进度、质量、安全管理带来的影响。

[**案例** 6-5]

科特迪瓦铁比苏—布瓦凯高速公路项目是科特迪瓦国 A3 公路的重要组成部分。A3 公路纵贯南北，经济首都阿比让、政治首都亚穆苏克罗、第二大城市布瓦凯均分布其上，是该国公路交通运输的动脉之一，是该国重要的运输通道和骨架公路，也是西非内陆国家通往港口的主要通道。

公路工程建设规模较大，建设周期较长，施工难度较大，为了保证施工进度，即使在下雨的天气也需要持续施工。在雨季施工时，路基进雨后含水率过高，排水不足会影响路基的稳定，同时雨水会影响混凝土和沥青路面的性能和质量，降低路基路面的抗压强度。因此，施工单位必须重视雨季施工对公路工程的不利影响，采取科学、合理的技术措施，保证雨季公路工程的施工质量。

11. **合作商信用风险**

科特迪瓦当地商人信用状况参差不齐，付款、发货不及时情况时有发生，在选择合作伙伴时，需进行仔细的综合调研，尤其要调查合作方的社会背景及资信度，选择信誉度高、有实力的合作方，避免受骗。

12. **管理风险**

管理风险是指企业因自身管理上的疏忽而导致的风险。在国外开展工程，容易在管理过程中出现水土不服、难以适应的问题。在境外常见的管理风险有以下几种。

（1）文化差异风险。由于国别文化不同，跨国企业在管理上可能会遇到不同的思维方式、价值观念、工作习惯等问题，这些差异可能会影响到企业的运营和管理。

（2）语言沟通风险。由于语言差异，跨国企业在沟通上可能会遇到障碍，特别是在解释工作要求、协调工作、处理投诉等方面，如果沟通不畅可能会引发误解和纷争。

（3）人员管理风险。由于国外员工和管理人员的背景、经验、文化等方面的差异，跨国企业在管理人员时可能会遇到人事管理上的问题，如员工离职率高、员工表现不佳等。

（4）信息安全风险。由于网络技术的发展，企业的信息系统面临着越来越多的威胁，包括黑客攻击、病毒感染、信息泄露等，这些威胁可能会对企业的运营和管理造成不利影响。

13. **技术风险**

技术风险指对工程项目所在地的自然条件勘察不力和工程实施的技术难度等给承包商带来的风险。技术风险主要包括以下几种情况。

（1）前期工程资料不准确。前期施工资料，如水文地理等是由业主提供的，而业主给的资料可能存在不详尽、不准确情况。中企在境外施工，对科特迪瓦的经验不丰富，缺乏相应的了解，前期核实和准备不足会导致返工风险。

（2）对技术规范不熟悉。如中企对当地技术规范不了解；或进入陌生的领域承包工程，对该领域的技术规范不熟悉；或是需要采用新的施工方法和工艺，没有适用的技术规范。

[案例 6-6]

沟通是最好的桥梁。科特迪瓦圣佩德罗体育场项目设计和施工中既用到中国技术标准，也需要用到当地技术标准和国际技术标准。除了工人以外，中国土木公司管理层也聘用了当地工程师，他们在与外方技术沟通中发挥了重要作用，成功促进了中国、当地和国际技术标准的融合。在项目实施后，针对科特迪瓦其他城市综合体类项目的建设，中国标准能更好融入当地市场。

[案例 6-7]

科特迪瓦公路项目，业主方是科特迪瓦交通部，监理为业主委托的一家法国咨询公司，C 公司为工程总包方，Z 公司为项目施工总承包，工程施工验收标准为中国标准与法国标准相结合的方式，整个工程项目又由三个不同工况的路段组成，不同的施工验收标准以及不同的工况给施工总包方 Z 公司在机械设备及人员投入和安排上增加了施工难点，同时对施工总包方 Z 公司在管理技术上提出了更高的要求。

三、科特迪瓦未来发展预测与投资机会分析

(一) 政治前景

科特迪瓦的政治前景相对稳定，尽管过去曾经历过政治动荡和冲突。自2000年以来，科特迪瓦逐渐实现了相对稳定的政治环境，政府和反对派之间的政治对话得以加强。这包括了通过民主选举选出国家领导人，推动政治制度改革和民主化进程。然而，该国仍然面临一些政治挑战，例如民主制度的巩固、民众参与和权利保障等方面的问题。政府的政策和承诺也将对国家政治前景产生影响，特别是在促进经济发展、改善社会福利和推动人权等方面。但从当前形势分析，目前科特迪瓦政局稳定，未来发生政治动乱的可能性较小。

(二) 经济预测

近几年，科特迪瓦大力开展重建，进行经济结构调整，其不断整顿金融市场、开展基础设施建设等系列举措，使得经济得到快速恢复与增长，社会逐渐步入正轨，也吸引了许多非洲其他落后国家的人纷纷涌入科特迪瓦寻求机会。

此外，科特迪瓦加大对经济、基础设施和教育等方面的投入，试图吸引更多的外资和促进国家的经济发展，新的五年规划预计投入59万亿西非法郎（约合1028亿美元）；2021—2023年，财政赤字率将从4.6%降到3.0%；2021—2025年，人均收入从1736美元升至2240美元，创造500万个岗位。

科特迪瓦总统瓦塔拉预计科特迪瓦2024年经济将持续增长7%。尽管全球经济形势严峻，特别是通胀压力、货币紧缩以及地区和国际

形势不稳定，但科特迪瓦前景依然向好，并将继续进行结构改革，以保持经济转型的势头，改善人民的生活条件，同时有效应对气候变化和安全问题带来的新挑战。

经济学人智库发布的《2024 年非洲展望》报告显示，科特迪瓦位列 2024 年全球经济预期增长率最高的 20 个经济体行列。

非洲开发银行在发布的《非洲宏观经济表现与前景》报告中称，2024 年在全球经济增长最强劲的 20 个国家中，非洲将占 11 个。其中科特迪瓦 GDP 增速将达到 6.8%，在非洲国家里位列第四，高于非洲大陆 2023 年 3.8%的平均增长率。

惠誉在 2024 年 2 月 2 日公布的长期信用评级中对科特迪瓦评级维持“BB-”，展望稳定。这是在 1 月 23 日科特迪瓦发布国际债券之后惠誉对科特迪瓦重新做的分析评级。

惠誉指出，尽管科特迪瓦是西非经货联盟“火车头”，但其发展指数偏低且对初级产品仍有很大的依赖性。同时，在科特迪瓦政府对预算支出的高效管控下，惠誉期望其 2024 年赤字率可下降至 4.4%，2025 年降至 3.5%。此外，惠誉预测科特迪瓦 2024 负债率可达 58.5%，2024 年 GDP 增长率可达 6.5%。

（三）投资机会

科特迪瓦投资优势行业包括农业和农产品加工、矿业、电信设备和服务、能源行业、建筑业。

1. 农业和农产品加工

农业部门在科特迪瓦国民经济中占有重要地位。科特迪瓦可可生产和出口世界领先，其腰果、橡胶、香蕉和菠萝生产和出口在非洲领先。

科特迪瓦目前正实施的有关农业领域发展规划包括国家农业投资计划 PNIA 2《2021—2025 年国家发展规划》（PND 2021—2025）、就业和经济转型竞争价值链项目，旨在加强农业部门政策和投资规划的治理结构，促进私人参与和创业。

政府鼓励可可、腰果、橡胶、棉花、棕榈油等农作物的本地加工。《投资法》规定，农业、农产品加工属于可享受鼓励政策的 I 类行业，享受该法规定的税收抵免。作为对《投资法》的补充，科特迪瓦 2019 年第 2019-587 号法令规定了对农业加工部门的具体税收优惠，涵盖项目实施和运营阶段：

（1）项目实施后四年内，对在科特迪瓦本地购买或者进口的设备、成套零部件免征增值税和关税，免税的零部件价值，不得超过批准项目设备购置价值的规定比例（A 区 20%、B 区 40%、C 区 60%）。

（2）在同一 4 年期限内，免征服务、研究、监测、协助和文件编制费用的增值税，其金额不得超过批准项目投资总额的 20%。

（3）公司用以增加产能或更新生产线的投资，可享受额外的税收抵免，直至全额报销。享受的优惠税种包括企业所得税、专利和许可税、财产税、增值税及雇主缴纳的与雇员有关税款，享受期限不超过十年。

中国已通过多个项目为科特迪瓦农业发展提供支持。其中，最为重要的要数距阿比让市 180 公里的中国援助科特迪瓦格格杜水稻垦区项目。该垦区水稻种植面积达 400 公顷，两国已在该项目框架下开展了为期 20 余年的合作。

2. 矿业

根据科特迪瓦矿业开发公司的信息，科特迪瓦 2/3 以上的领土被已知富含矿化的地层所覆盖。科特迪瓦采矿部门是主要出口部门之一，

2020年采矿产品出口金额11932.5万亿西非法郎，占出口总额的16.6%。黄金是科特迪瓦最重要的矿产资源之一，2020年出口的采矿产品中，出口黄金为8422亿西非法郎（占70.5%）。科特迪瓦于2014年通过了新《采矿法》，旨在使采矿业成为推动经济发展的关键增长极。作为《采矿法》主要的改革之一，各作业地区设立地方采矿发展委员会，由矿业公司资助，开展有利于当地居民的社会项目。

《采矿法》规定了矿业经营者享受的税收优惠政策。在正式开采运营前，勘探许可证、采矿许可证持有人进口和购买国内直接用于采矿作业的材料、机械设备以及商定方案所列的独立部件，免缴关税和增值税；勘探许可证持有者还可免缴所得税、最低税、财产税，豁免公司成立或增资时登记费用。在矿山运行阶段，持有采矿许可证的经营者、附属公司及其经批准的分包商可享受以下优惠政策：

（1）在整个矿山运营期间，免缴加工矿石所需的液体或气体燃料、润滑剂、化学品或有机物的关税和增值税。

（2）自首次商业生产之日起三年内适用临时入境制度。

（3）免缴矿山产品的出口关税和税款，包括运营期间的印花税。

（4）免缴用于采矿作业的材料和设备再出口时所有出口关税和税款。

（5）享受为投资或经营目的进口材料、机械和设备的立即清关便利。

（6）享受临时进口设备的再出口制度。

科特迪瓦在无人机监控、采矿能源解决方案、可持续采矿、采矿设备、地质服务和生活设施管理等方面存在投资潜力。

［案例6-8］

中国地质矿业公司开发科特迪瓦锰矿。中国地质矿业总公司与科特迪瓦国家矿业发展公司于2009年共同出资成立滨海矿业公司，开发位于戈赫—吉布阿大区洛祖阿的锰矿资源。科特迪瓦洛祖阿锰矿山投产后，产量和经济效益逐年增长，连续三年获科特迪瓦总理颁发的“卓越奖”三等奖。

截至2018年，滨海矿业公司累计生产锰矿120万吨，成为国际锰矿业具有竞争力的企业之一。成立合资公司以来，中方一直主导生产经营，在矿山低品位废弃资源综合利用上获得重大技术突破，低品位锰矿综合开发利用项目的建成和实施将使滨海矿业公司存续年限延长20年以上。

3. **通信业**

科特迪瓦通信行业发展较好，超过98%的科特迪瓦人通过移动设备访问互联网。科特迪瓦正在部署一个7000公里的国家主干网，该主干网将覆盖全国，并改善农村地区的互联网接入。

科特迪瓦政府重视数字经济发展，于2021年创建通信与数字经济部，该部提出了科特迪瓦国家数字发展战略SNNCI 2021—2025，旨在提高科特迪瓦数字经济包容性、促进公共服务数字化，使科特迪瓦成为西非数字中心。该战略基于七个支柱：数字基础设施、数字服务、数字金融服务、数字能力、数字商业环境、创新、网络安全。

此外，PND 2021—2025提出通信部门发展规划：

（1）在全国范围内扩大数字基础设施的网络覆盖范围。

（2）发展数字化领域研究和数字创新能力。

（3）金融体系的数字化及其全面互联。

（4）为私营部门建立监测预算业务的平台。

（5）建立企业唯一标识符号查询系统。

（6）通过一个完整的系统实现行政程序和文件数字化。

（7）实现农业部门（粮食、可可、咖啡、棉花、腰果等）付款数字化。

（8）实现地方当局小规模税收的数字化。

科特迪瓦通信市场正在增长，需要供应商提供全方位通信服务和设备，如铜缆和光纤电缆、中心局交换机、蜂窝站、数据通信卫星、微波通信设备和数据管理解决方案。

[案例 6-9]

2013 年，中国通信建设集团有限公司承建科特迪瓦国家高速光纤宽带网络二期项目，该网络全长 622 公里，自大巴萨姆经阿比让延伸到布纳，连接科特迪瓦东部的所有地区。科特迪瓦国家高速光缆网项目由总长 7000 公里光纤传输网络和传输设备组成，为科特迪瓦东部地区政府、医疗、教育、国防部门和市民提供高速、优质、安全的通信与宽带业务传输通道，同时降低了通信成本。

4. 能源产业

科特迪瓦石油、天然气等资源丰富，能源产业对外开放。2019 年，科特迪瓦石油产量为每天 37179 桶，天然气产量为 2.025 亿立方英尺。科特迪瓦由炼油厂及其相关的仓储公司负责销售成品油，石油产品市场受管制，寻求在科特迪瓦销售石油的公司必须得到炼油厂和矿业、石油与能源部部长批准。

科特迪瓦 PND 2021—2025 计划提升电力基础设施水平，2020—2025 年，将发电装机容量从 2229 兆瓦增加到 3428 兆瓦，实现 50 个居民以上地区电力全覆盖和全社会 100%电力可得。

在资源领域，科特迪瓦政府制定了一系列吸引外资优惠政策。2014 年《电力法》结束了政府在输配电、售电和电力进出口方面的垄断地位，赋予电力行业更多发展自由，政府方面仅保留调节市场供需的权利。1996 年《石油法》授予石油合同持有人以下税收优惠：

（1）免除对支付股东利润的征税。

（2）除公司所得税、专利和许可税外，免征对石油业务收入、石油合同持有人的财产、活动及其分支机构任何国家、地区或市镇级别的税收及关税。

（3）免征增值税、银行业务税。

（4）免征已批准施工方案所需的材料、化学品、机器和设备的所有进口关税和税收，这项进口豁免也适用于上述机器和设备的零件和备件。

（5）石油合同持有人的外籍雇员及其分包商在首次就职时将其个人和家庭用品进口到科特迪瓦，免缴所有进口关税和税收，也可以在临时入境制度下进口一辆机动车供个人使用。

科特迪瓦石油勘探、生产及相关服务等领域具有投资潜力。此外随着科特迪瓦寻求扩大对可再生能源的使用，当地的发电厂在提高发电能力方面具有较强动力，其中太阳能发电市场投资机会较多。

［**案例 6-10**］

科特迪瓦电网发展和改造项目是中国机械集团有限公司（国机集团）在科特迪瓦完成的最大电力项目，覆盖科特迪瓦东、中、西部区域，工程范围包括建设 1680 多公里 225kV/90kV 输变电线路和 26 座变电站，对当地 500 个村庄进行电气化改造。该项目由国机集团总承包，集团下属中国电力工程有限公司执行，项目业主为科特迪瓦矿业、石油与能源部。项目的总成本为 8.536 亿美元，其中 95.2%由中方提供，4.8%由科政府提供。项目于 2016 年 12 月正式开工，2019 年底带电调试，2021 年 5 月竣工带电投运。

5. 建筑业

科特迪瓦建筑部门的公共和私人投资集中在基础设施、酒店和住房建设等领域。科特迪瓦对基础设施建设的迫切需要为我国工程承包企业开拓市场提供了机遇。

科特迪瓦 PND 2021—2025 提出基础设施部门的发展计划包括：

（1）完善工业用地管理，以发展经济区。

（2）新建双向两车道 136 公里、双向单车道 4502 公里，道路加固 1485 公里，保持 70%的经常性和周期性养护率，实现桥梁和金属材料工程施工 34 座。

（3）将北部高速公路延伸到布瓦凯，建造阿比让 Y4 环城公路，建造阿比让—瓦加杜古走廊，修复阿比让—达布—圣佩德罗海岸，以及为 2200 公里的城际公路铺设沥青。

（4）计划于 2025 年建成 9 个现代商务基础设施，科特迪瓦目前无此类基础设施。

[**案例** 6-11]

中国路桥承建科特迪瓦高速公路、斜拉桥项目

2017 年，中国路桥承建铁比苏—布瓦凯高速公路项目，该公路起于亚穆苏克罗北部城镇铁比苏，终点为科特迪瓦第二大城市布瓦凯，全长 96 公里，设计时速 130 公里，双向四车道，是 2012 年后科特迪瓦最大单体的公路项目。项目业主为科特迪瓦经济基础设施部。铁比苏—布瓦凯高速公路项目的建成极大地提升了科特迪瓦南北乃至与布基纳法索、马里等北部邻国的交通运输效能，对于科特迪瓦经济发展具有重要的意义。

2019 年，中国路桥承建阿比让科科迪斜拉桥项目，阿比让斜拉桥项目横跨阿比让科科迪湾，连接政务中心高原公社和科科迪使馆区，建设桥型为人字形空间异形塔斜拉桥，主塔高109米，主桥长630米。该项目业主为科特迪瓦装备及道路养护部，项目资金来源于伊斯兰发展银行。作为西非地区最大斜拉桥项目，建成后除有效缓解区域交通压力外，也成为科科迪湾区商务中心的地标之一。

[**案例** 6-12]

中国港湾承建阿比让 PK24 工业园

2018年，中国港湾承建科特迪瓦PK24工业园一期项目，项目资金来源于中国银行的商业贷款。项目总体规划940公顷，工期18个月，含园区内道路、给排水、污水处理、输变电、通信等工程建设。项目建成后进一步发挥工业园区优势，吸引商贸与制造企业入驻，形成产业集聚，提升阿比让作为西非门户城市的经济地位。

Chapter 7

第七章

工程建设企业合规管理体系建立指南

一、合规管理的内部环境

合规管理是一种风险管理活动，是境外施工企业对业务活动是否遵守所在国（地区）法律、法规、规定、规则、行业自律等的一种鉴证行为。

合规管理的内部环境是其他所有风险管理要素的基础，为其他要素提供规则和结构。内部环境的要素包括：合规管理的目标和基本原则，企业文化和公司战略，管理层的理念和经营风格，公司组织架构及其岗位职责，员工的诚信、道德价值观和胜任能力。

（一）合规管理的目标

建立健全合规风险管理体系，实现合规风险的有效识别和管理，促使境外施工企业全面风险管理体系的建设，确保企业依法合规经营。

（二）合规管理的基本原则

一是客观性原则。合规人员应当依照相关法律、法规对违规事实进行客观评价。

二是独立性原则。合规部门在企业中应当有独立地位，合规管理应当独立于其他各项业务经营活动。

三是专业性原则。合规人员应当熟悉公司业务制度，了解公司内各业务环节的专业知识和业务流程，并准确理解和把握法律法规的规定和变动趋势。

四是公正性原则。合规人员在对业务部门进行检查时，应当坚持统一标准对违规行为及相关风险进行评估和报告。

五是协调性原则。合规人员应当正确处理与公司其他部门及监管部门的关系，努力形成公司的合规合力，避免内部损耗。

六是全面性原则。企业合规管理应覆盖所有境外业务领域、部门和员工，贯穿决策、执行、监督、反馈等各个环节，体现于决策机制、内部控制、业务流程等各个方面。

二、合规管理机构的设置及职责

（一）合规管理机构的设置

企业可根据业务性质、地域范围、监管要求等设置相应的合规管理机构。合规管理机构一般由合规委员会、合规负责人和合规管理部门组成。尚不具备条件设立专门合规管理机构的企业，可由相关部门（如法律事务部门、风险防控部门等）履行合规管理职责，同时明确合规负责人。

1. 合规委员会

企业可结合实际设立合规委员会，作为企业合规管理体系的最高负责机构。合规委员会一般应履行以下合规职责：

第一，确认合规管理战略，明确合规管理目标。

第二，建立和完善企业合规管理体系，审批合规管理制度、程序和重大合规风险管理方案。

第三，听取合规管理工作汇报，指导、监督、评价合规管理工作。

2. 合规负责人

企业可结合实际任命专职的首席合规官，也可由法律事务负责人或风险防控负责人等担任合规负责人。首席合规官或合规负责人是企业合规管理工作具体实施的负责人和日常监督者，不应分管与合规管理相冲突的部门。首席合规官或合规负责人一般应履行以下合规职责：

一是贯彻执行企业决策层对合规管理工作的各项要求，全面负责企业的合规管理工作。

二是协调合规管理与企业各项业务之间的关系，监督合规管理执行情况，及时解决合规管理中出现的重大问题。

三是领导合规管理部门，加强合规管理队伍建设，做好人员选聘培养，监督合规管理部门认真有效地开展工作。

3. 合规管理部门

企业可结合实际设置专职的合规管理部门，或者由具有合规管理职能的相关部门承担合规管理职责。合规管理部门一般应履行以下合规职责：

第一，持续关注我国及业务所涉国家（地区）法律法规、监管要求和国际规则的最新发展，及时提供合规建议。

第二，制定企业的合规管理制度和年度合规管理计划，并推动其贯彻落实。

第三，审查评价企业规章制度和业务流程的合规性，组织、协调和监督各业务部门对规章制度和业务流程进行梳理和修订。

第四，组织或协助业务部门、人事部门开展合规培训，并向员工提供合规咨询。

第五，积极主动识别和评估与企业境外经营相关的合规风险，并监管与供应商、代理商、分包商、咨询顾问和承包商等第三方相关的合规风险。为新业务的开发提供必要的合规性审查和测试，识别和评估新业务的拓展、新客户关系的建立以及客户关系发生重大变化等所产生的合规风险，并制定应对措施。

第六，实施充分且具有代表性的合规风险评估和测试，查找规章制度和业务流程存在的缺陷，并进行相应的调查。对已发生的合规风险或合规测试发现的合规缺陷，应提出整改意见并监督有关部门进行整改。

第七，针对合规举报信息制定调查方案并开展调查。

第八，推动将合规责任纳入岗位职责和员工绩效管理流程。建立合规绩效指标，监控和衡量合规绩效，识别改进需求。

第九，建立合规报告和记录的台账，制定合规资料管理流程。

第十，建立并保持与境内外监管机构日常的工作联系，跟踪和评估监管意见和监管要求的落实情况。

（二）合规管理部门的设置方式

合规管理部门是负责施工企业合规工作的具体组织和执行部门，依照所规定的职责、权限、方法和程序独立开展工作，负责公司各部门和全体员工的合规管理工作，合规管理部门对公司高层负责。

合规管理部门人员应具备较高的思想素质和法制观念，坚持原则、忠于职守、廉洁奉公、公正无私，并具备相应的专业知识。合规管理部门必须制定相应的人员岗位责任制，明确任务，落实责任。合规管理部门工作人员同样应遵守公司各种规章制度和规定。合规管理部门依据国家及有关部门的法律法规、公司章程、公司内部管理制度和承包合同，在所赋予的权限内，按照所规定的程序和方法，对行为对象进行客观公正的检查监督并提出处理建议。

合规管理部门的设置有如下几种类型（见表 7-1）。每种类型都有各自的优缺点。企业应根据公司业务类型、组织结构、组织资源等因素选择合规管理部门的设置。

表 7-1　合规管理部门类型及特点

序号	类型	特　点
1	合规管理部	在企业内部建立一个专业的合规管理部门，任命首席合规官作为合规管理总负责人。 优点：企业合规管理部门的独立性强，合规团队专业能力强，合规工作也做得相对专业。 缺点：要求企业投入大量的资金、人力等资源；对合规管理人员职业技能要求高，既要懂合规专业知识，又要懂具体的业务知识；合规管理部门与其他部门之间的沟通协调能力也要求较高。
2	法务合规部	把法务部或者法律事务部的管理职能与合规部门管理职能统一到法务合规部门职能之中，由法务合规部对企业的法律事务工作和合规管理工作进行统一管理。 优点：部门设立相对容易，投入成本相对较低，公司在设立合规管理部门时可以利用公司现有的法务部门的资源，因为大多数公司在成立合规部之前都有法务部门。另外，合规管理工作与法务部工作配合容易，因为合规管理部门有效开展工作的前提须对外部法律法规、监管等规定有正确的理解，在一个领导之下，合规管理部门与法务部门之间的沟通也相对顺畅。 缺点：按照这样的方式设置合规管理部门，开展工作时与其他部门的沟通协调要求较高，需要合规管理部门与业务部门密切配合，对合规管理人员职业技能要求高，既要懂合规专业知识，又要懂具体的业务知识。
3	审计合规部	合规部与审计部结合形成审计合规部。 优点：便于企业对合规风险进行管理，企业可以通过较少的投入达到合规管理的目的。 缺点：独立性不强，适用于业务单一且面临合规风险较低的企业。以生产汽车为主的北京奔驰汽车就采用了该类型。

续 表

序号	类型	特 点
4	风控合规部	融合了公司治理、风险控制与合规管理。 优点：大大提升了合规管理部门整合公司资源的能力，有很强的独立性，方便了合规部门与风险管理部门的沟通，合规部门在合规风险评估时可以和风控部门结合起来共同开展工作，实现风险管理工作成果共享。 缺点：对合规部的领导力提出了很高的要求，同时也需要企业提供较多的资源支持，还需要与法务部门等其他部门加强沟通，平衡业务与合规风险管理的关系。
5	其他	具体根据公司业务类型、组织结构、组织资源而定。 如英国石油公司（BP）在集团层面设置“道德与合规部”进行合规管理，同时配以法律各领域专家提供日常的法律专业支持，来保证 BP 各部门的合规专业有效运行。 BP 公司除了在道德与合规部门工作的全职合规工作人员之外，在每个业务与职能部门及其每一个下属地区部门，都有一位部门领导兼任本部门的“道德与合规联络人”。其职责是确保各项合规制度在本部门的有效实施，并且就日常工作中的合规问题进行处理和解答。这种安排能够有效提高本部门领导的合规意识，高效率解决日常合规问题。

三、企业内部的合规管理体系

（一）董事会的合规责任

董事会作为决策层应以保证企业合规经营为目的，通过原则性顶层设计，解决合规管理工作中的权力配置问题。

董事会负责企业整体风险的预防和控制，审核、监督公司风险控制制度的有效执行，可以下设合规与风险管理委员会，负责对企业国内施工承包及境外施工经营的风险控制及合法合规进行审议、监督和检查，草拟企业风险管理战略，评估企业风险管理状况。

董事会对企业的合规管理承担最终责任，履行以下合规职责：

①审核批准合规政策，监督合规政策的实施，并对实施情况进行年度评估。

②审核批准公司年度合规报告，对年度合规报告中反映出的问题，采取措施解决。

③根据总经理提名决定合规负责人的聘任、解聘及薪酬事项。

④决定公司合规管理部门的设置及其职能。

⑤保证合规负责人独立与董事会、董事会相关委员会（如审计委员会或者其他专业委员会）沟通。

⑥公司章程规定的其他合规责任。

（二）监事会的合规责任

为了完成合规监督职能，监事会不仅要进行会计监督，而且要进行业务监督。不仅要有事后监督，而且要有事前和事中监督（即计划和决策时的监督）。监事会对经营管理的合规方面监督包括以下方面：

一是对企业董事、总经理和其他高级管理人员执行公司职务时违反法律、行政法规或者公司章程的行为进行监督并有权通知他们停止其非合规行为。

二是随时调查企业的合规执行状况，审查合规体系文件、合规记录和合规报告，并把审核意见向董事会报告。

三是当监事会认为有必要时，一般是在企业出现重大问题时，可以提议召开股东会。

（三）管理层的合规责任

企业的高级管理层应分配充足的资源建立、制定、实施、评价、维护和改进合规管理体系。

管理层人员应当熟悉工程建设相关法律、行政法规及国际性组织的监管要求，依法合规、勤勉、审慎地行使职权。管理层人员应当维护企业的统一性和完整性，在其职权范围内对企业经营活动进行独立、自主决策，不受他人干预，不得将其经营管理权让渡给股东或者其他机构和人员。

管理层人员应当根据企业经营环境的合规要求，督促和落实合规责任体系的建立和运行。

管理层人员应当构建企业自身的合规文化，保持企业内部机构和人员合规责任体系、合规报告路径的清晰、完整，不得违反规定的报告路径，防止内部责任体系、报告路径和内部员工之间出现割裂的情况。

（四）合规管理部门的合规责任

①协助领导构建企业合规管理体系，制定、修订企业的合规手册和其他合规风险管理规章制度。

②起草年度合规管理计划。

③主动识别、评估、监测和报告合规风险。

④负责各项具体合规工作方案的拟定，使合规工作顺利展开。

⑤起草合规报告。

⑥参与新业务的开发，识别、评估合规风险，提供合规支持。

⑦违规事件的调查处理，起草违规处理决定。

⑧梳理企业内控流程，提出相关改进建议。

⑨审查企业内部管理制度、业务规程，提供合规改进建议。

⑩组织合规培训并向企业员工提供合规咨询服务。

⑪跟踪法律法规、监管规定和行业自律规则的变动、发展，并根据其有关要求提出制定或者修改企业内部规章制度的建议。

⑫相关辅助性工作和领导指派的其他工作。

（五）合规管理的主要内容

企业应以倡导合规经营价值观为导向，明确合规管理工作内容，健全合规管理架构，制定合规管理制度，完善合规运行机制，加强合规风险识别、评估与处置，开展合规评审与改进，培育合规文化，营造重视合规经营的企业氛围。

1. 合规管理的主要活动

合规管理旨在构造企业监督系统，对企业的决策系统、执行系统进行全程、动态的合规监控，监控的对象覆盖企业经营管理的全部内容，主要包括：

①定期学习法律、法规，传达监管要求，打造企业合规文化，提高员工合规意识。

②审核业务合同，各部门的制度和工作流程。

③依据合规要求，检查和评估日常经营管理活动的合规性。

④梳理整合各项法律法规、规章制度，开展合规培训。

⑤为新的承包合同提供合规支持。

⑥开展法律咨询，协同处理企业法律纠纷及其投诉。

2. **合规文化**

合规文化建设是合规风险管理的一部分，同时也是企业文化建设的一部分。如果企业上下所有员工都严格遵守高标准的道德行为准则，那么该合规风险的管理是最为有效的。

在企业内部要形成浓厚的合规文化，做到人人合规。所有员工都要有足够的职业谨慎、具有诚信正直的个人品行以及良好的风险意识和行为规范。企业内部要具有清晰的责任制和问责制，以及相应的激励约束机制，形成所有员工理所当然要为自身从事的职业和所在岗位的工作负责任的氛围，进而逐步形成工程建设企业的合规文化。企业加强合规文化建设应从以下四个方面努力：

第一，管理层的重视。

第二，全员合规理念的建立。一定要改变钻政策空子、打擦边球的观念，消除侥幸心理。

第三，合规部门与其他部门的配合、信息交流，实现资源共享，协同作战。

第四，合规考核机制的有效落实。

3. **合规政策**

合规政策是企业体现合规理念，培育合规文化，制定实现合规目标的纲领性、指示性的文件，对企业开展合规工作提出了原则性要求。其内容包括：

（1）合规政策的制定。企业的高级管理层（合规委员会）负责制定书面的合规政策，并根据合规风险管理状况和法律、规则、准则，以及项目所在地的政策、宗教和文化环境的情况适时修订合规政策，经董事会审议批准后传达给全体员工，定期评价各项合规政策和执行状况；若发现重大的合规问题，管理层必须立即向董事会汇报。

（2）进一步明确合规管理部门的职能。为确保合规管理部门能在公司合规管理中充分发挥作用，对合规管理部门的责任至少应明确：①合规管理部门的功能和职责；②合规管理部门的权限；③合规负责人的合规管理职责；④保证合规负责人和合规管理部门独立性的各项措施，包括确保合规负责人和合规管理人员的合规管理职责与其承担的任何其他职责之间不产生利益冲突等；⑤合规管理部门与其他部门之间的协作关系；⑥设立分支机构合规管理部门或项目部合规管理部门的原则。

（3）合规政策的落实。

①高级管理层：负责贯彻执行合规政策，确保发现违规事件时及时采取适当的纠正措施，并追究违规责任人的相应责任。

②企业职能部门及各项目部：遵循企业合规政策，研究制定本部门或本项目决策和运作的各项制度流程并组织实施，定期对本部门或项目的合规风险进行评估，对其合规管理的有效性负责。

③合规管理部门：作为合规风险的日常管理部门，主要负责识别、评估和监控合规风险，并向管理层和董事会提出合规建议和报告。

4. 合规审核

通过审核，对于外部监督可能发现的问题及时自查自纠，以减少企业损失，避免可能受到的处罚。

合规审核的程序一般包括：制定合规审核机制、合规审核调查、合规审核评价，具体内容见表 7-2。

表 7-2 合规审核的程序及内容

程序	内 容
制定合规审核机制	制订合规审核计划，需要列出审核的目标、步骤和流程。
合规审核调查	合规人员开展内部合规审核时，可能出现内部人员不配合，刻意隐瞒实情的情况，需要合规部门人员进行审核调查，但审核调查手段不能干扰企业或项目的日常运作。
合规审核评价	合规审核工作需要进行阶段性的评估，可以由内部或外部人员进行，最终目的是改进合规部门的工作。

5. **合规审计**

企业合规管理职能应与内部审计职能分离。企业审计部门应对企业合规管理的执行情况、合规管理体系的适当性和有效性等进行独立审计。审计部门应将合规审计结果告知合规管理部门，合规管理部门也可根据合规风险的识别和评估情况向审计部门提出开展审计工作的建议。

6. **合规检查**

合规检查的主要对象是制度、程序和流程的执行情况，合规检查主要看企业各个层面，特别是施工项目部是否落实了合规要求，检查要点：

一是企业各个层面是否按照相关法律法规和企业章程的规定履行职责，合规记录是否真实、准确、完整，是否按规定存档。

二是合规问题的整改情况及违规责任人的处理情况。

三是风险管理制度是否涵盖了不同风险控制环节。

四是其他需要检查的内容。

7. **合规培训**

企业应将合规培训纳入员工培训计划，培训内容随企业内外部环境变化进行动态调整。境外经营相关部门和境外分支机构的所有员工，均应接受合规培训，了解并掌握企业的合规管理制度和风险防控要求。决策层和高级管理层应带头接受合规培训，高风险领域、关键岗位员工应接受有针对性的专题合规培训。合规培训应做好记录留存。合规培训的内容包括但不限于：企业内部的员工守则和各项业务的合规制度、国际商业公约及项目所在国特定的合规要求、境内外合规案例警示教育。

8. 合规汇报、举报与投诉

合规负责人和合规管理部门应享有畅通的合规汇报渠道。合规管理部门应当定期向决策层和高级管理层汇报合规管理情况。汇报内容一般包括但不限于合规风险评估情况，合规培训的组织情况和效果评估，发现的违规行为以及处理情况，违规行为可能给组织带来的合规风险，已识别的合规漏洞或缺陷，建议采取的纠正措施，合规管理工作的整体评价和分析等。

如发生性质严重或可能给企业带来重大合规风险的违规行为，合规负责人或合规管理部门应当及时向决策层和高级管理层汇报，提出风险警示，并采取纠正措施。

企业应根据自身特点和实际情况建立和完善合规信息举报体系。员工、客户和第三方均有权进行举报和投诉。企业应充分保护举报人。

合规管理部门或其他受理举报的监督部门应针对举报信息制定调查方案并开展调查。形成调查结论后，企业应按照相关管理制度对违规行为进行处理。

企业各层级人员对违规行为应有制止的义务，企业应有合规投诉处理的渠道和制度，合规投诉处理的流程为：接收、审议、改进、反馈。合规投诉处理的措施包括：

第一，建立合规投诉渠道。

第二，建立合规投诉的管理办法或处理流程等制度，其中建议含保密、奖励等内容。

第三，规定相关处理极限范围、处理流程与时限等。

9. 合规考核

合规考核应全面覆盖企业的各项管理工作。合规考核结果应作为企业绩效考核的重要依据，与评优评先、职务任免、职务晋升以及薪酬待遇等挂钩。

境外经营相关部门和境外分支机构可以制定单独的合规绩效考核机制，也可将合规考核标准融入总体的绩效管理体系中。考核内容包括但不限于按时参加合规培训，严格执行合规管理制度，积极支持和配合合规管理机构工作，及时汇报合规风险等。

（1）建立考核目标。企业应在相关部门和各层级建立合规目标作为考核依据。

企业策划如何实现合规目标时，应确定：做什么，需要什么资源，谁负责，何时完成，结果如何评价。

（2）建立员工合规操守考核制。建立包括合规操守、合规业绩考核在内的绩效管理体系。每年初根据境外企业项目建设和生产经营的实际情况，制定考核指标并与主要负责人签订责任书，采取“月度通报、季度考核、半年小结、年度清算”的考核机制，年底根据完成情况进行考核，合规业绩考核结果与企业工资总额、领导班子成员年薪和领导班子成员任职评价“三挂钩”。通过加强合规绩效考核，充分调动企业合规经营的积极性，促进资产的保值增值。将考核结果纳入年度绩效考核，与绩效工资挂钩，以增强员工合规意识，确保员工日常行为合规。

（3）建立违规问责制度。对于发现的违规事件，要严格认定和追究违规行为人的责任，并采取有效的纠正措施，及时优化经营管理流程和修订相关规章制度，切实消除违规事件产生的负面影响。

10. **合规评价**

企业应定期对合规管理体系进行系统全面的评价，发现和纠正合规管理贯彻执行中存在的问题，促进合规体系的不断完善。合规管理体系评价可由企业合规管理相关部门组织开展或委托外部专业机构开展。

企业在开展效果评价时，应考虑企业面临的合规要求变化情况，不断调整合规管理目标，更新合规风险管理措施，以满足内外部合规管理要求。

（1）建立法律法规及其他要求适用表。

①合规性评价的基础工作是建立适用的法律、法规及其他要求清单。

②合规渊源，包括：立法机构和监管机构的法律、规则和准则，市场惯例，行业协会的行业规则，内部职员行为准则，诚实守信和道德行为准则。

③合规渊源的获取渠道。

（2）建立法律法规及其他要求合规性评价表。建立法律法规及其他要求合规性评价表的原则和方法。

（3）进行合规性评价。

①归口管理部门；

②评价频次；

③评价人员；

④评价依据；

⑤评价内容；

⑥评价记录；

⑦不合规处置。

（4）提出改进方法。

①企业合规性评价和改进建议表。

②撰写企业规章制度的修改建议书，应注意：如果企业的规章制度体系文件与现行的法律法规有冲突，则必须对规章制度体系进行修改；应通过与有关部门的沟通，了解企业规章制度这样规定的原因，并探讨有无可能提出既合乎技术原理又合乎法律法规的方法；在建议书中，必须写明既有文件的哪一部分与法律法规存在冲突，并给出修改意见。

四、合规管理中的风险控制方法

合规风险是指企业或其员工因违规行为遭受法律制裁、监管处罚、重大财产损失或声誉损失以及其他负面影响的可能性。

合规管理部门应深入调查，梳理各操作岗位的工作规程，研究各岗位原有的内控风险、管理体系风险及法律风险，针对各环节隐藏的或者有可能发生的合规风险进行系统排查，并梳理成全面的合规管理风险。参照国家的法律法规、有关政策和行业标准规范，结合企业实际运营的情况，整理各业务领域需要遵守的法律法规和其他标准，结合上述排查的合规管理风险，细化业务操作标准，量化要求。之后，强调风险提示，列出哪些岗位会出现风险操作、风险级别、业务流程环节中容易出现风险的操作点以及风险控制措施，以便于业务操作人员在工作中能够有意地避开风险操作点，增强风险意识，加强自身责任感。这是企业达成合规要求，实现合规经营的根本策略。

整个风险管理过程是一个闭环系统（见图 7-1），随着风险应对策略的实施及风险监控过程中内外部环境或工作内容的变化，风险会出现许多变化。这些变化的信息可及时反馈，新的风险识别就能及时对新情况进行风险评估和分析，从而调整并实施风险应对策略。这样循环往复，保持风险管理过程的动态性，就能达到风险管理的预期目的。

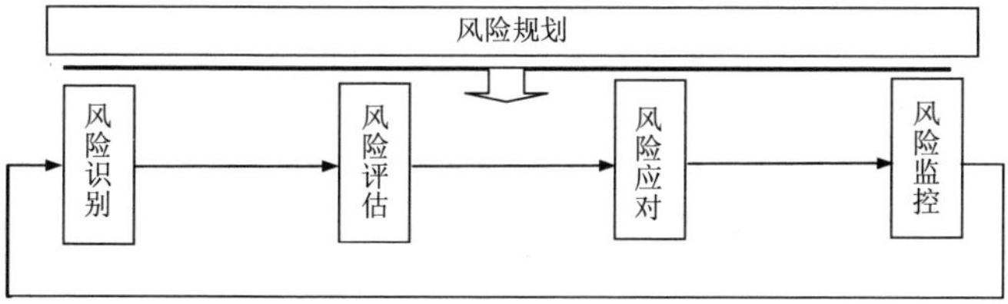

图 7-1 企业风险管理的全过程

（一）风险规划

风险规划是定义如何实施合规风险管理活动的过程，合规部门应该根据企业的业务类型、实施环境和人员特点，制订风险管理规划文档，即风险管理计划。该计划要与业务内容（如所承包的项目类型、项目战略优先级等）对企业和其他相关方的重要程度相匹配，其中特别需要注意的是业务（如工程项目承包）实施过程中关键相关方（如工程所在地政府、业主及企业自身领导层）对合规风险的容忍程度。

风险规划的内容应包括：

①确定合规风险管理的领导者和团队，明确其职责；

②确定合规风险管理活动所需资金及应急储备和管理储备的使用方案；

③确定在项目生命周期中实施合规风险管理过程的时间和频率；

④确定合规风险的分类方式和风险分解结构；

⑤记录各相关方的风险偏好度和风险临界值；

⑥根据具体的项目对风险的概率和影响进行定义；

⑦风险登记册、风险报告以及项目风险管理过程中的文档要求和内容格式等。

合规风险管理活动应纳入日常工作范畴，是合规管理工作的最重要组成部分。同时，企业应在合规风险规划阶段对各类相关人员做好合规培训工作。培训对象及内容见表 7-3。

表 7-3　合规培训对象及内容

序号	培训对象	培训内容
1	企业高层、高级合规官	建立企业合规管理体系
2	合规管理团队成员	合规管理团队的职责、应知应会等
3	从事境内经营的工程建设企业所有人员	境内合规要求、制度
4	从事境外经营的工程建设企业所有人员	境外合规要求、制度

可采取现场培训、书面培训、网络培训相结合的形式，由合规管理部门制订年度合规培训计划，由各业务部门提出培训需求，以工作的实际需要为出发点，与岗位紧密结合，根据年度培训计划、国家政策法规的变化及企业业务发展需要实施培训，有计划、有目的地组织

各种形式的合规培训，强化合规经营理念。

（二）风险识别

企业应当建立必要的制度和流程（风险规划），识别新的和变更的合规要求。企业可围绕关键岗位或者核心业务流程，通过合规咨询、审核、考核和违规查处等内部途径识别合规风险，也可通过外部法律顾问咨询、持续跟踪监管机构有关信息、参加行业组织研讨等方式获悉外部监管要求的变化，识别合规风险。

企业境外分支机构可通过聘请法律顾问、梳理行业合规案例等方式动态了解掌握业务所涉国家（地区）政治经济和法律环境的变化，及时采取应对措施，有效识别各类合规风险。

企业的合规风险识别工作应在整个经营过程中持续开展，并根据环境和业务特性的变化不断更新风险内容。

具体工程项目上的风险识别应以企业已识别的合规风险为基础，结合项目特性、所在地的环境（包含自然环境、社会环境、管理环境和作业环境）等因素，在合规管理部门的配合下，一同开展合规风险的识别。

可使用头脑风暴、核对单、访谈收集与风险相关的信息，通过根本原因、假设条件和制约因素、各种文件和 SWOT（优势、劣势、机会和威胁）等分析风险及其来源，召开专门会议讨论和完善风险的识别。具体识别风险的方法见表 7-4。

表 7-4　常见风险识别方法

名称	方式	说　明
调查法	访谈	约访专家、工程管理人员，或通过实地观察走访等识别潜在的风险。
	专家会议讨论	通过成立风险管理专家小组，召开会议，利用其专业知识和经验识别潜在的风险。
头脑风暴法	自由联想讨论	组织一群人自由联想、讨论，发表自己的观点或看法，互不强制干预对方。
核查法	核查表	将之前相似项目发生过的风险归纳总结列成清单，核查拟建项目是否存在该类风险。
分解法	工作分解法（WBS）	将复杂的整体工程进行系统分解（单项工程-单位工程-分部分项工程-工序），分析潜在的风险和损失。
	风险分解法（RBS）	将整个工程的风险从不同的方面或层次分类，再将大类风险分解为具体的子风险。
	WBS-RBS	将复杂的工程工作和风险分别分解成简单、易于理解的基本单元，再将其耦合形成 WBS-RBS 矩阵，找出可能的风险因素。
情景分析法	场景假设	设想同一环境不同情境下可能出现的风险和其带来的损失。
假设条件和制约因素分析	实施条件审查	每个项目及其项目管理计划的构思和开发都基于一系列的假设条件，并受一系列制约因素的限制。开展假设条件和制约因素分析，来探索假设条件和制约因素的有效性，确定其中哪些会引发风险。从假设条件的不准确、不稳定、不一致或不完整，可以识别出威胁，通过清除或改变会影响项目或过程执行的制约因素，可以创造出机会。

续 表

名称	方式	说 明
流程图法	流程图	将项目划分为连续的作业流程，再将各个作业流程划分为若干个具体板块，分析各板块中潜在的风险。
SWOT 分析	多维度进行分析	对项目的优势、劣势、机会和威胁进行逐个检查。
文件分析	历史资料分析	通过对企业或项目以往文件的结构化审查，可以识别出一些风险。可供审查的文件包括计划、假设条件、制约因素、以往项目档案、合同、协议和技术文件。

1. 合规风险识别的领域

企业识别、分析和评估合规风险可以从重点领域、重点环节、重点人员三方面考虑。

重点领域：市场交易、商业伙伴、安全环保、施工质量、劳动用工、财务税收、知识产权、反腐、诚信与反贿赂。

重点环节：重要决策事项事前合规审查。境外施工重大决策、重大合同、大额资金管控、境外子企业公司治理等。

重点人员：管理人员、高风险岗位、海外人员。

2. 合规风险识别的框架

全面识别合规风险的一个良好方法是通过风险分解（RBS）建立合规风险识别框架。

合规风险 RBS 建议，参见表 7-5。

表 7-5　不同类型风险需合规的内容或风险点

类　别	需合规的内容或风险点
国际条约、惯例和协议合规风险 相关的规定主要来自联合国（UN）、国际劳工组织（ILO）、世界知识产权组织（WIPO）、国际标准化组织（ISO）、社会责任国际（SAI）、国际商会（ICC）、世界银行（WB）、石油输出国组织（OPEC）等	· 合同管理：FIDIC 条款、NEC 合同条款、JCT 合同条款、AIA 系列合同条件等； · 劳工权利：《国际劳工组织宪章》、《建筑业安全和卫生建议书》、《1990 年夜间工作公约》、SA 8000 等； · 知识产权：《保护工业产权巴黎公约》《专利合作条约》《世界版权公约》等； · 环境保护：《生物多样性公约》《控制危险废物越境公约》《联合国气候变化框架公约》《巴塞尔公约》等； · 财务报告：《COSO 全面风险管理框架》《COSO 内部控制整合框架》等； · 国际贸易：《国际贸易术语解释通则》《商业跟单信用证统一惯例》等； · 诚信与反贿赂：《世界银行诚信合规指南》《海外反腐败法》等； · ……
国家（地区）性合规风险	· 美国的《海外反腐败法》《针对机构实体联邦量刑指南》《萨班斯-奥克斯利法案》； · 美国的“长臂管辖”司法判例； · 所在国出于国家安全和国家利益作出的行政决定；如美国把华为公司列入出口管制“实体名单”； · 所在国及地区出入境相关规定； · 驻所在国使领馆的规定和要求； · ……

续 表

类 别	需合规的内容或风险点
宗教、文化和习俗合规风险	· 基督教； · 伊斯兰教； · 佛教； · 当地的其他教派和习俗； · ……
国内施工企业涉及的主要法律、法规合规风险	1. 法律 《中华人民共和国建筑法》《中华人民共和国安全法》《中华人民共和国消防法》《中华人民共和国合同法》《中华人民共和国招标投标法》《中华人民共和国土地管理法》《中华人民共和国城乡规划法》《中华人民共和国环境保护法》《中华人民共和国环境影响评价法》《中华人民共和国保险法》《中华人民共和国劳动法》等。 2. 行政法规 《工程建设质量管理条例》《工程建设安全生产管理条例》《工程建设勘察设计管理条例》《中华人民共和国土地管理法实施条例》等。 3. 部门规章 《工程监理企业资质管理规定》《注册监理工程师管理规定》《工程建设监理范围和规模标准规定》《建筑工程设计招标投标管理办法》《房屋建筑和市政基础设施工程施工招标投标管理办法》《评标委员会和评标方法暂行规定》《建筑工程施工发包与承包计价管理办法》《建筑工程施工许可管理办法》《实施工程建设强制性标准监督规定》《房屋建筑工程质量保修办法》《房屋建筑工程和市政基础设施工程竣工验收备案管理暂行办法》《工程量清单计价规范》《工程建设施工现场管理规定》《建筑安全生产监督管理规定》《工程建设重大事故报告和调查程序规定》《城市建设档案管理规定》《增值税暂行条例实施细则》等。

续 表

类　别	需合规的内容或风险点
国内外行业专业技术合规风险	指针对不同的行业、不同质量控制对象制定的专业技术规范文件。包括规范、规程、标准、规定等，如：工程建设项目质量检验评定标准，有关建筑材料、半成品和构配件质量方面的专门技术法规性文件，有关材料验收、包装和标志等方面的技术标准和规定，施工工艺质量等方面的技术法规性文件，有关新工艺、新技术、新材料、新设备的质量规定和鉴定意见等。
企业内部制度和流程合规风险	·公司章程； ·公司制度和业务流程； ·工艺流程和操作手册； ·……

全面风险识别 RBS 建议，详见表 7-6 至表 7-17。

表 7-6　境外工程建设企业全面风险识别框架（RBS 0 级）

序号	层　次	风险类型
1	国家层面	经济风险、政治风险、社会风险、自然风险、法律风险
2	项目层面	招投标风险、设计风险、施工风险、采购风险、业主方风险
3	企业层面	融资风险、资金风险、组织结构风险、人力资源管理风险

表 7-7 国家层面：经济风险清单（RBS 1~2 级）

序号	风险因素	风险源
1	经济发展	所在国经济 GDP 总量及发展趋势如何？经济产业结构是怎样的？经济发展规划和政策有哪些？
2	通货膨胀	所在国通货膨胀率是多少？是否得到有效控制？发展趋势如何？国家的货币政策如何？
3	政府财政和债务	政府财政收入、来源及占比是多少？政府财政收支情况如何？政府外债与内债情况如何？政府外汇收入、来源及储备情况如何？
4	市场竞争	政府投资和私人投资情况如何？市场竞争激烈情况如何？市场竞争者来自哪些国家？中国企业的市场份额、分布领域和竞争优势怎样？
5	汇率变化	所在国采用何种货币？是否是国际货币？与美元的兑换比率是否稳定？汇率的发展趋势怎样？
6	外汇管制	所在国是否是外汇管制国家？所在国的外汇储备怎样？外汇管制的对象是哪些？外汇管制的范围有哪些？
7	华人经济团体影响	所在国是否存在华人商会或经济团体？这些商会团体对所在国经济的影响力如何？与当地政府和社会组织团体的关系如何？
8	商业银行合作	所在国的主要商业银行有哪些？银行的资信、业务及收费、效率情况如何？外国人可否开立银行账号和可办理的业务情况有哪些？

表 7-8 国家层面：政治风险清单（RBS 1~2 级）

序号	风险因素	风险源
1	政治制度	所在国政治体制是哪种（民主共和制/君主立宪制）？所在国民主程度如何？是否存在以及多大程度的独裁？政治权力在各组织机构之间如何划分？

续 表

序号	风险因素	风险源
2	政党及政策	所在国的政党情况如何？是一党制、两党制还是多党制？主要政党有哪些？主要政党对国家政策和政治权利的影响怎样？执政党及其他政党对华态度怎样？
3	国家信誉	所在国的国际信誉如何？是否有国家信用评级？评级情况如何？
4	政府腐败	所在国政府廉洁情况如何？腐败行为严重程度如何？政府是否就腐败问题采取打击措施？政府打击力度和决心怎样？
5	政策连续性	国家政策是否稳定？近几届政府更迭过程是否稳定？新政府对原政府行为（各项政令及外交政策）继承是否完整及政策是否稳定？
6	政局稳定性	国家政局是否稳定？影响国家政局稳定的主要因素有哪些？
7	战争或内乱	所在国是否存在反政府武装或恐怖组织？其破坏活动近年来是否频繁？国家是否已采取军事行动？未来的安全形势会如何？
8	国家关系	所在国周边国家政局是否稳定？其与周边国家关系如何？国际上有无敌视国？中国在该国是否设有大使馆？其与中国合作情况如何？
9	舆论风险	我方在项目所在国设立的机构是否建立了舆情监控机制？
10	工程协会	所在国是否存在工程协会？工程协会的作用及其对市场的影响如何？
11	紧急事故应对	我方在所在国设立的机构是否建立了紧急情况的应对机制？包括哪些具体的应急保障措施？

续 表

序号	风险因素	风险源
12	项目安保	我方在所在国设立的机构是否建立了安全保障管理制度？当地是否有专业的安保公司？费用如何？当地政府可否提供安保力量？
13	市场歧视	建筑市场对外国承包商的态度如何？中资企业在当地受欢迎程度如何？

表 7-9 国家层面：社会风险清单（RBS 1~2 级）

序号	风险因素	风险源
1	民族冲突	所在国有多少民族？各民族之间的关系如何？主要民族占人口比例及其对国家政治、社会的影响？
2	宗教冲突	所在国有无宗教信仰？具体信仰哪些宗教？宗教之间的关系如何？宗教对国家政治、社会、文化等的影响程度如何？
3	风俗禁忌	所在国有哪些风俗习惯？禁忌有哪些？
4	法定假日	所在国有哪些法定节假日？法定假日多不多？节假日如何分布？
5	劳工素质	社会教育体系是否完善？教育是否普及？公民受教育程度如何？
6	交流障碍	所在国官方语言是什么？较为通行的外国语言有哪些？
7	医疗卫生	所在国医疗保障体制是否健全？医疗水平和伤病费用成本如何？
8	社会治安	社会治安状况如何？偷盗、抢劫等暴力犯罪率高不高？

表 7-10　国家层面：法律风险清单（RBS 1~2 级）

序号	风险因素	风险源
1	法制差异	所在国属于英美法系、大陆法系还是其他法系？
2	法制不健全	所在国的国家立法程序如何？法制是否健全？基本法律有哪些？法律法规调整是否频繁？
3	公民法律意识	当地法律文件是否易于获取？公民法律意识怎样？公民犯罪率如何？
4	执法风险	所在国执法部门法律执行力度如何？执法是否公正？
5	司法风险	司法环境如何？司法是否公正？司法效率如何？诉讼成本如何？
6	国际法约束	是否与中国签订双边或多边条约？是否共同加入某种国际组织？
7	公司法风险	所在国关于公司设立及治理的相关法律法规有哪些？主要规定是怎样的？
8	进口管理	所在国对进口程序和手续有哪些规定？海关检查是否严格？清关效率怎样？
9	外籍劳务限制	所在国关于外籍劳务的法律法规有哪些？是否对外籍劳务有明确的限制？外籍劳务需要办理哪些签证和手续？
10	外商投资法	所在国关于外商投资的法律法规有哪些？主要规定是怎样的？
11	投标法规	所在国关于投标的法律法规有哪些？主要的规定是怎样的？
12	合同法	所在国关于合同的法律法规有哪些？主要的规定是怎样的？
13	劳动法	所在国关于劳动关系、职业安全健康的法律法规有哪些？主要的规定是怎样的？对工人加班的时间和费用有何规定？

续 表

序号	风险因素	风险源
14	税法风险	所在国关于税收制度的法律法规有哪些？主要规定是怎样的？税率如何？对外国承包商有无优惠？税法是否定期修改？
15	环保法	所在国关于环境保护的法律法规有哪些？主要规定是怎样的？对于破坏环境行为的惩罚是怎样的？
16	企业资质管理	所在国关于建筑企业资质管理的法律法规有哪些？主要的规定是怎样的？资质分为几类几级？资质申请的程序和所需的材料有哪些？
17	工程纠纷管理	所在国关于诉讼、仲裁等争议解决方式的相关法律法规有哪些？主要的规定是怎样的？
18	所在国仲裁机构	所在国仲裁机构有哪些？这些机构的国际影响力、公正性、收费情况如何？
19	国际仲裁有效性	所在国是否为纽约公约成员？外国仲裁裁决在该国承认和执行情况如何？
20	法律资源获取	所在国的法律资源如何？有无国际知名律所？本国律师的水平和能力怎样？律师收费如何？该国有无知名的工程咨询专家和税务顾问专家？

表 7-11　国家层面：自然风险清单（RBS 1~2 级）

序号	风险因素	风险源
1	自然灾害	所在国自然灾害现象（地震、洪灾、旱灾、火山、台风等）是否严重？是否常年缺水？
2	气候恶劣	全年降雨量和气温如何？是否有明显的旱季和雨季？雨季和旱季分别是哪些月份？夏季的最高平均温度和冬季的最低平均温度是多少？

续 表

序号	风险因素	风险源
3	水文地质	所在国的地形地貌如何？水文地质条件是否复杂？
4	传染疾病	所在国是否为传染疾病高发区？主要的传染疾病有哪些？病情是否得到有效控制？公民的疾病防范意识如何？
5	生态保护	所在国是否注重对生态的保护？项目是否经过生态保护区？

表 7-12　项目层面：招投标风险清单（RBS 1~2 级）

序号	风险因素	风险源
1	投标程序	建筑市场投标的基本程序是什么？公正性如何？外国企业投标需要做哪些准备？
2	投标政策	所在国对本国企业和外国企业投标的政策是否不一样？具体政策是怎样的？
3	业主手续	业主的行政审批手续是否齐全？
4	工程量和工程范围	合同中关于工程项目内容描述是否清楚？是否存在可凭借推测和想象而导致工作范围扩大的成分？工程量是否有清单？
5	合同报价	合同计价方式约定是否明确？是固定总价合同还是可调总价合同？合同中有无关于价格调整方式的条款？合同价格包含的风险费是否足够？
6	融资要求	合同中是否要求承包商融资？融资额度是否超过企业规定标准？
7	保函担保	业主是否要求承包商提供保函担保？需要提供哪些保函？保函失效、失效条件及担保金额约定是否明确？
8	预付款约定	合同中是否约定工程预付款？预付款的比例是多少？预付款支付形式是什么？

续　表

序号	风险因素	风险源
9	进度款支付约定	合同中是否约定工程进度款的审批及支付时限？进度款的支付方式是什么？是否约定发包人未按时支付工程进度款的违约责任？
10	工程尾款支付约定	合同中是否约定工程尾款的审批和结算时限？工程尾款的支付方式是什么？是否约定发包人未按时支付工程尾款的违约责任？
11	质保金支付约定	合同中是否约定质量保修期和期满后工程质量保修款的清算和支付时限？
12	竣工结算约定	合同中是否约定工程竣工验收的条件？是否明确规定竣工结算审核单位和审核时限？是否约定中间结算和结算时限？
13	付款形式	合同工程款结算的币种有哪些？业主以何种方式付款？
14	工程变更	是否约定工程变更、洽商、签证价款的审批和支付时限？
15	违约赔偿	合同对双方违约的责任是否作出明确的规定和量化？是否约定赔偿的条件和形式？
16	条款不平等	业主是否特意将自身承担的风险定义模糊化？风险范围是否缩小？是否将一些不可抗风险全部强加给承包商？
17	条款不严谨	合同对一些重要性条款有没有清晰的定义？规定是否详细？前后是否存在矛盾？
18	合同条款误解	合同条款翻译是否正确？双方就条款的理解是否进行沟通并达成一致？
19	业主免责	合同条款关于业主责任的要求是否明确？有无具体的制约措施？

表 7-13　项目层面：设计风险清单（RBS 1~2 级）

序号	风险因素	风险源
1	设计标准	业主要求使用的设计标准规范是哪些？是中国标准、欧美标准还是所在国自身标准规范？设计分包商对国外标准规范的熟悉程度？
2	设计技术	设计院或分包商的资质如何？是否做过海外工程的设计？设计团队人员组成结构是否合理？设计人员的设计经验如何？
3	设计资料	业主提供的资料信息是否真实、完整，有无及时更新？承包商是否亲自到项目现场勘察过？勘察资料的深度和广度是否满足设计要求？
4	设计方案	承包商是否深入研究业主提出的技术指标和要求？设计方案是否合理？业主是否会因喜好任意要求承包商改变设计方案？业主对设计方案的审批效率如何？
5	设计变更	设计分包商是否正确理解业主的概念要求？业主对项目的要求是否一次性交代清楚？
6	衔接风险	设计部门的时间安排是否合理？与采购部门、施工部门工作的衔接是否顺畅？

表 7-14　项目层面：采购风险清单（RBS 1~2 级）

序号	风险因素	风险源
1	本地材料设备供应	所在国有无项目所需的材料设备？当地材料的质量能否达到项目要求？当地的材料生产能力和设备生产效率能否满足项目的需求？材料和设备的价格怎么样？
2	材料设备采购计划	各种材料和设备的采购来源是否合理安排（当地、中国还是第三国）？每次材料采购数量是否经济？采购计划是否合理和灵活？

续　表

序号	风险因素	风险源
3	供货商供货	供货商的信誉情况怎么样？供货数量和质量是否有保障？能否及时供货？供货规格是否与项目匹配？售后服务怎么样？
4	物流运输	物资运输形式和成本如何？运输速度和安全性如何？货物运输损耗大不大？清关手续是否复杂？货物是否在所在国进口管制名单内？
5	物价上涨	材料设备价格是否上涨？跨国采购时货币汇率是怎样的？
6	采购报价	业主是否指定供货商？供货商的数量是多少？承包商询价是否方便？供货商报价是否合理？供货商会不会坐地起价？

表 7-15　项目层面：施工风险清单（RBS 1~2 级）

序号	风险因素	风险源
1	施工技术	技术交底是否清楚？施工工艺是否落后？专项施工方案是否得到论证以及效果如何？有无采用新工艺和技术？
2	安全措施	现场安全措施是否到位？执行力如何？是否安排专职安全巡视员？
3	施工人员管理	施工人员素质如何？施工人员是否服从安排？施工人员是否会盗窃材料设备？施工人员是否会集体要求涨薪或罢工？施工人员是否接受加班安排？
4	分包商管理	分包商之间的施工界限是否清晰？分包商进场安排是否合理？与分包商之间的沟通是否顺畅？有无做好各分包商之间的协调？
5	材料设备管理	现场材料设备是否有专人看管？设备的保养怎样？材料的进场是否及时？设备之间的调度是否协调？

续 表

序号	风险因素	风险源
6	基础设施	施工现场供水供电是否充足？交通方不方便？
7	施工组织	施工方案是否可行？施工进度计划是否科学？施工现场平面布置是否合理？
8	施工影响控制	施工过程中有无注意保护周围的生态环境？有无干扰到周围居民的生活？有无对周围建筑和地下管线造成影响？
9	劳工流动	当地的劳工是否充足？劳工的流动性大不大？
10	技术文件翻译	公司是否拥有既会说当地语言又懂工程技术的人才？技术文件的翻译与原文贴近程度如何？
11	项目目标管理	项目目标分工是否明确？是否制定严格的项目目标管理体制？项目目标管理计划是否严格执行？

表 7-16　项目层面：业主方风险清单（RBS 1~2 级）

序号	风险因素	风险源
1	业主支付不及时	业主拖欠工程进度款和竣工结算款的情况如何？业主对承包商的请示回复情况如何？
2	业主干预	业主是否强行干预项目的管理？是否发出一些不合理的指令？
3	需求变更	业主会否因经济问题减少项目工作量或范围？业主是否要求承包商执行合同规定之外的工作？

表 7-17　企业层面：企业风险清单（RBS 1~2 级）

序号	风险因素	风险源
1	融资风险	企业的融资能力如何？融资渠道有哪些？融资是否得到国家支持？

续 表

序号	风险因素	风险源
2	资金短缺	企业的资金运转是否正常？是否有足够的资金维持垫资施工？
3	人力资源管理	企业雇佣当地员工和国内员工的规划是否合理？员工的培训计划和费用如何？薪酬制度是否透明公正？
4	企业内部组织管理	企业的管理团队是否团结？内部是否拉帮结派？与当地建筑企业是否存在腐败交易？管理人员结构安排是否合理？各自的责任与权力是否明确？
5	组织结构	企业项目组织机构采用何种形式？机构设置是否合理？

3. 风险识别的结果

风险识别的最终的成果是建立风险登记册，记录已经识别的风险、潜在的风险责任人和潜在的风险应对措施。

（三）风险评估

风险评估是指根据工程所处的环境，风险管理人员应用统计、概率分析等方法对已识别风险的发生概率和影响进行综合分析的过程。其主要目的是对风险进行优先级排序，筛选出重点关注的高优先级风险。

企业应通过考虑不合规的原因、来源、后果的严重程度及其后果发生的可能性进行合规风险评估。后果包括（不限于）：个人和环境伤害、经济损失、声誉损失和行政责任等。

企业可根据企业的规模、目标、市场环境及风险状况确定合规风险评估的标准和合规风险管理的优先级。

企业进行合规风险评估后应形成评估报告，供决策层、高级管理层和业务部门等使用。

风险具有动态性、紧迫性、临近性、潜伏性、可控性、连通性、可监测性、可管理性、不确定性、相对性、突发性等众多特性。传统的风险评价方法大都认为风险度为风险发生概率 P 与风险损失 I 的乘积，即 $R=P\times I$ 。这种分析方法仅从概率和损失两个维度来评价风险，不能全面反映风险的发生过程和规律，可能会导致错误的结果。有必要将风险分析从两维向三维甚至多维拓展，也就是除了考虑风险发生的概率和风险损失，还须考虑风险的可控性、紧迫性、临近性等风险特性指标，用风险特征向量表示如下：

$R=(R_1,R_2,R_3,R_4,R_5\cdots)$ =（概率、损失、可控、紧迫、临近……）

风险各评价维度的具体含义如下：

发生概率：风险在工程全过程中发生的可能性大小。

损失：风险发生后影响工程进度、质量、成本等目标而造成的损失，以及连带给企业的经济损失、声誉损失和行政责任等。

紧迫性：为有效应对风险而必须采取应对措施的时间段。时间短就说明紧迫性高。

邻近性：风险在多长时间后会影响一项或多项项目目标。时间短就说明邻近性高。

可管理性：风险责任人（或责任组织）管理风险发生或影响的容易程度。如果容易管理，可管理性就高。

可控性：风险责任人（或责任组织）能够控制风险后果的程度。如果后果很容易控制，可控性就高。

可监测性：对风险发生或即将发生进行监测的容易程度。如果风险发生很容易监测，可监测性就高。

连通性：风险与其他风险存在关联的程度大小。如果风险与多个其他风险存在关联，连通性就高。

战略影响力：风险对组织战略目标潜在的正面或负面影响。如果风险对战略目标有重大影响，战略影响力就大。

密切度：风险被一名或多名相关方认为要紧的程度。被认为很要紧的风险，密切度就高。

值得说明的是，并不是每一个风险特性都需要考虑，除概率和损失外，其他的特性根据项目的情况进行选择，并设定相应的权重。各项评分应由经验丰富的专家进行打分，评分的标准应在风险规划中设定，多位专家的多重评分会显著提高风险评估的准确性。表 7-18 是风险评估模型示例。

表 7-18　风险评估模型（示例）

<table>
<tr><td rowspan="2">风险
10 分制</td><td>维度</td><td>概率</td><td>损失</td><td>可监测性</td><td>紧迫性</td><td>…</td><td rowspan="2">综合
评分</td><td rowspan="2">优先级</td></tr>
<tr><td>权重</td><td>30%</td><td>30%</td><td>5%</td><td>5%</td><td>…</td></tr>
<tr><td>风险 A</td><td>—</td><td>9</td><td>8</td><td>8</td><td>8</td><td>…</td><td>8.3</td><td>1 级</td></tr>
<tr><td>风险 B</td><td>—</td><td>7</td><td>8</td><td>5</td><td>6</td><td>…</td><td>6.5</td><td>3 级</td></tr>
<tr><td>…</td><td colspan="8">…</td></tr>
</table>

（四）风险应对

企业应建立健全合规风险应对机制，对识别评估的各类合规风险采取恰当的控制和处置措施。发生重大合规风险时，企业合规管理机构和其他相关部门应协同配合，依法及时采取补救措施，最大程度降低损失。必要时，应及时报告有关监管机构。

合规风险的应对主要从五个大方面考虑，即风险上报、风险规避、风险减轻、风险接受和风险转移。详见图 7-2。

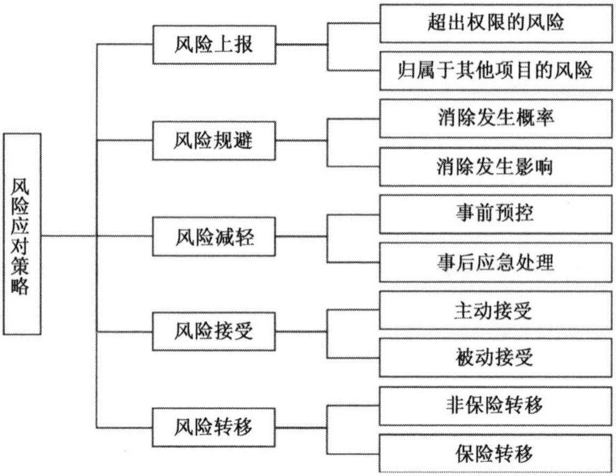

图 7-2　风险应对方案框架图

1. 风险上报

如果某风险不在职责范围内，或提议的应对措施超出了责任人能力或权限，就应该采用上报策略。被上报的风险将在相应的相关部门加以管理。而风险责任人确定应就风险通知哪些人员，并向该人员或组织部门传达关于该风险的详细信息。

上报策略带来的好处是能在更高层次进行统筹管理，能调动更多的资源来响应风险。合规管理人员应该充分意识到上报并不是责任推诿，也更应清楚地意识到如果在超出职权能力范围内自行管控风险或是瞒报而导致风险没有得到及时有效处理，都将导致最终的失控。

2. 风险规避

风险规避是指采取行动来消除威胁，避免受威胁的影响。规避策略其应对的核心是“阻断”，即把概率降低到零；或者风险发生了，主体也会受保护而不受影响。

某些合规风险发生概率和损失都很大，但又没有经济有效的措施来减小风险，合规管理人员就应该采取放弃项目或原计划，或者改变目标，避免损失。

采取风险规避策略常须同时满足以下三点：

一是对合规风险要有足够的认识和把握。

二是该风险发生的概率很高，带来的后果很严重。

三是采用其他应对策略的代价超过风险所带来的经济效益，只有采取风险规避才能将项目损失降到最低。

但运用该策略时也须认识以下三点：

一是风险是始终都存在的，规避这个风险可能会面对另外一个新的风险。

二是规避风险也就丧失了从该风险中获取利益的机会。

三是风险规避要把握最佳时机，当断则断。

正如上所述，在采取规避策略的时候，往往需要付出相对较大的代价，因此在制定策略的时候需要考虑经济性和可行性的权衡，如果无法完全规避，可以考虑强化其他策略。

3. 风险减轻

风险减轻是指采取措施来降低威胁发生的概率和（或）影响，最终使风险在可控范围内。当风险应对目标是只需可防可控时，或对于需要完全消除风险（高风险），但因风险特性或其他因素无法采取规避措施时，优先采用减轻策略。

采取减轻策略，在制定具体应对方案时，从决定风险严重性的因素入手，通过强化过程控制来降低概率和损失。

减轻策略一般包括事前控制和事后控制。事前控制是指通过制定防范性措施来降低风险事件发生概率的行为，分为有形的和无形的。

有形的措施如高空作业人员必须系安全带，脚手架挂安全网；进场人员须戴安全帽；易燃易爆材料远离办公场所等。无形的措施如对现场工作人员进行风险教育，制定严格的风险管理制度，采取多种货币结算方式等。事后控制是指通过制定应急处理计划来尽量减小风险事故所造成的损失或抑制事故进一步发展的行为。相应的措施如调整施工进度和材料设备采购计划；准备索赔证据，计算索赔金额，递交索赔报告；查看项目资金链运转状况，调整融资计划等。

4. 风险接受

风险接受，又称为风险自留。风险接受是指承认风险的存在，事前不主动采取措施，因此它不改变风险的概率和损失，是依靠自身的力量来承担风险事故损失的行为。此策略可用于低优先级威胁，也可用于无法以任何其他方式加以经济有效应对的威胁。对于采用接受策略（暂时不管它）的风险，有两种建议，一是为它建立应急储备，包括预留时间、资金或资源以应对出现的威胁；二是定期审查，确保其并未发生重大改变。

5. 风险转移

转移涉及将应对威胁的责任转移给第三方，让第三方管理风险并承担威胁产生的影响。采用转移策略，通常需要向承担威胁的一方支付风险转移费用。购买保险、使用履约保函、使用担保书或保证书是转移的最常见手段。

该行为并不能减小风险发生的概率和损失，而只是将风险损失转移给最有能力承担或控制的其他组织或个人。一般分为保险转移和非保险转移。

保险转移是指项目主体通过购买工程保险来将风险转移给保险公司。常见的保险转移措施有：建筑工程一切险、安装工程一切险、社会保险、车险、汇率险等。

非保险转移是指项目主体通过签订合同将风险转移给对方。该方法能够转移那些不可投保但被转移者长于该类风险管理的风险。但要注意被转移者的财务能力，一旦无法承受风险带来的损失而破产，那么最终的损失仍由转移者承担。此外为确保风险转移的顺利落实，在合同中须明确规定双方的权利与责任。常见的非保险转移措施有：工程分包、转包、担保、出售；技术转让；设备租赁；免责合同等。

（五）风险监控

监控风险是在整个项目期间，监督商定的风险应对策略的实施、跟踪已识别风险、识别和分析新风险，以及评估风险管理有效性的过程。

由于在项目实施过程中合规风险是不断变化的，企业应落实监控措施，管理合规义务和对应的合规风险，实现预期的行为。

采取有效的监控措施确保满足合规义务，能够预防或发现不合规事件并纠正。充分而严格地设计各类、各层次的监控措施，以促进企业的活动和运行环境实现合规义务。

比如，控制包括：

· 清晰、实用并易于遵循的文件化运行方针、程序、过程和操作指示；

· 系统和异常报告；

· 审批；

· 划分有冲突的角色和职责；

· 自动化过程；

· 年度合规计划；

· 员工绩效计划；

· 合规评估和审核；

· 管理层的承诺和促进合规行为的其他措施；

· 对预期的员工行为（标准、价值观和行为准则）进行主动、公开且经常的沟通。

风险监控方法如下：

· 风险审计：专人督察风险监控机制的执行情况，并定期对风险执行过程进行审核。

· 风险审查会：定期召开合规风险的审查会，来检查和记录风险应对策略的有效性。在风险审查中，还可以识别出新的合规风险，并及时制定应对措施。

· 技术指标分析：比较计划技术指标与实际技术指标之间的差异。

· 风险预警监督：度量项目在运作过程中某指标偏离预警线的强弱程度、发出预警信号并提前采取防范措施。

结 语

开展境外经营是中国企业实现企业发展战略，参与“一带一路”建设，推进中国与世界各国（各地区）互利共赢的重要方式。强化合规经营意识是企业海外经营行稳致远的前提。

不论国内还是国外，廉洁、合规都已成为世界范围内对企业的基本要求，国际机构以及国家（地区）、行业组织等各个层面的监管力度都将越来越大，企业依法合规经营已经成为当今企业治理的国际趋势。中国的工程建设企业也应当积极顺应国际趋势，认识到建立合规制度、强化合规监管的重要性，努力建设和实施符合国际标准的合规经营制度。

我国工程建设企业在“走出去”过程中，因不合规被处罚的案例比比皆是，而在海外失败项目中的经验教训，往往具有很高的相似度。“屁股出去了，脑袋还留在国内”，这十分形象而深刻地概括了合规问题的成因。我国工程建设企业在国内市场的技术、工期等方面创造了一系列的工程奇迹，但是我们必须清楚地认识到，这些“奇迹”的产生是依赖中国这个得天独厚的市场环境，占尽“天时、地利、人和”，一旦脱离了这个熟悉的市场环境，丧失了赖以创造“奇迹”的土壤，中国承包商很难复制“中国速度”。

我国工程建设企业在几十年“走出去”的过程中所形成的经验，往往是以高成本作为代价的。而用高成本换来的境外工程经验，又常常是低效率的。一方面，获得经验的往往是个人，而个人的经验很难转化为组织合规体系的一部分，常常出现“人走了，经验也被带走了”的怪现象。然后，企业又不得不重新开始“交学费”和积累教训，很少能够像成熟的国际承包商那样，及时把经验和教训总结、固定下来，形成失败项目的案例库。另一方面，我国“走出去”的工程企业之间难以建立有效的沟通交流机制，个别企业的经验教训难以成为整个行业的共同财富。如果不能突破这种重蹈覆辙的恶性循环，我们所付出的“学费”会更加惊人。

因此，我们编制了本书，对境外合规经营的经验予以总结。期望通过我们的努力，把大家的经验串联起来，能使境外经营人员及企业，对境外各国（各地区）的经营方式及合规要求有总体的了解；同时，希望通过本书，加强企业对合规意识、合规文化及合规具体要求方面的重视。

附录

附录1　科特迪瓦主要政府部门和相关机构

序号	机构名称	联系方式
1	外交部	https://diplomatie. gouv. ci
2	国防部	https://defense. gouv. ci
3	农业与农村发展部	https://www. agriculture. gouv. ci
4	司法与人权部	https://justice. ci
5	计划与发展部	https://www. plan. gouv. ci
6	矿业、石油与能源部	http://www. energie. gouv. ci
7	交通部	http://www. transports. gouv. ci
8	经济与财政部	https://finances. gouv. ci
9	建设、住房与城市化部	http://construction. gouv. ci
10	预算与国有资产部	https://www. budget. gouv. ci
11	水资源与森林部	https://www. eauxtforets. gouv. ci
12	装备与道路养护部	http://www. entretienroutier. gouv. ci
13	贸易与工业部	http://www. commerce. gouv. ci
14	通信与数字经济部	http://www. communication. gouv. ci
15	旅游部	https://www. tourisme. gouv. ci
16	就业与社会保障部	http://emploi. gouv. ci
17	环境与可持续发展部	https://environnement. gouv. ci
18	税务总局	https://www. dgi. gouv. ci

附录 2　中国驻科特迪瓦主要政府部门和相关机构

序号	机构名称	联系方式
1	中国驻科特迪瓦大使馆	电话：+225-27-22437778 邮箱：chinaemb_ ci@ mfa. gov. cn 网址：http：//ci. chineseembassy. org 地址：Lot 134A M'Badon，Cocody，Abidjan
2	中国驻科特迪瓦大使馆经济商务处	电话：+225-27-22420927 邮箱：ci@ mofcom. gov. cn 网址：http：//ci. mofcom. gov. cn 地址：Cocody deux Plateaux 7ème Tranche，Abidjan

附录3 科特迪瓦主要商协会

序号	商协会名称	联系方式
1	科特迪瓦中资企业商会	邮箱：ccec_ ci@ hotmail. com
2	科特迪瓦工商会	地址：6, avenue Joseph Anoma, Plateau 01 BP 1399 Abidjan 01 电话：+225-27-20331600
3	科特迪瓦企业联合总会	地址：La Maison de l’ Entreprise, Plateau, 01 BP 8666 Abidjan 01 电话：+225-27-20330200 邮箱：cgeci@ cgeci. ci 网址：http：//www. cgeci. com
4	科特迪瓦工业大企业联盟	地址：Angle rue J95 - J91, IOT 2011 Deux - plateaux-Vallon Cocody 04 BP 2289 Abidjan 04 电话：+225-27-22419737
5	科特迪瓦出口促进协会	地址：Immeuble Tropique, 1ère et 2ème Mezzanine Plateau Bvd 01 BP 3485 Abidjan 01 电话：+225-27-20302530 邮箱：contact@ apex-ci. net 网址：https：//www. apex-ci. net
6	科特迪瓦标准化协会	地址：Rue K 115 - Villa 195 Sideci - Angle Boulevard Latrille Cocody 2 Plateaux, Abidjan 电话：+225-27-22411791/22416758 邮箱：info@ codinorm. ci 网址：https：//www. codinorm. ci

续　表

序号	商协会名称	联系方式
7	科特迪瓦中小企业协会	地址：Cocody 2-plateaux vallons 06 BP 212 Abidjan 06 电话：+225-27-22412017 邮箱：secretariat@ fipme. ci 网址：www. fipme. ci
8	咖啡与可可协会	地址：Immeuble Caistab 17 BP 797 Abidjan 17 电话：+225-27-20256969/20256970 邮箱：info @ conseilcafecacao. ci 网址：http：//www. conseilcafecocao. ci

附录4　科特迪瓦部分第三方服务机构

序号	机构名称	联系方式
1	Deloitte Côte d'Ivoire（会计师事务所）	地址:Immeuble Ivoire Trade Center,Tour C,3e et 4e étages Boulevard HassanII, Cocody 01BP224 Abidjan01 电话:+225-27-22599900
2	Cabinet AAA-KPMG（会计师事务所）	网址:https://home. kpmg/xx/en/home. html 地址:Angle Avenue Chardy et rue Lecoeur Plateau-01 BP 3172 Abidjan 01 电话:+225-27-20225780 传真:+225-27-20214297
3	PKF Francophpne West Africa（会计师事务所）	网址:https://www. pkf-fwa. com 地址:II plateaux vallons, rue des jardins Cocody-04 BP 618 Abidjan 04 电话:+225-27-21320585
4	Thalys Conseil & Associes（会计师事务所）	网址:https://www. thalysconseiletassocies. com 地址: Rue de la Cannebière, Immeuble Venizia, 3ème étage-Danga Cocody-06 BP 6248 Abidjan 06 电话:+225-27-22549737 传真:+225-27-89906130
5	GCEF(Gestion Comptabilite et Etdues de Faisabilite)（会计师事务所）	网址:http://www. gcef-ci. com 地址:87Bd. de Marseille-Imm. Tonini, 3è étage Treichville-18 BP 45 Abidjan 18 电话:+225-27-21244073 传真:+225-27-21357458

续 表

序号	机构名称	联系方式
6	CE2C（Cabinet Binet D' Expertise Comptable et de Conseils）（会计和咨询公司）	网址：https：//ce2c. pro 地 址：Deux plateaux mobile – Non loin de la pâtisserie baguette française Cocody – 20 BP 1167 Abidjan 20 电话：+225-27-22467808 传真：+225-27-57491081
7	BK & Associes（律师事务所）	网址：http：//www. bkavocats. com 地址：Val Doyen-Cocody-08 BP 3819 Abidjan 08 电话：+225-27-22440376 传真：+225-27-22440376
8	Asafo & CO（律师事务所）	网址：https：//asafoandco. com 地 址：Rue A30，Face à l' UCAO – Val doyen Cocody-01 BP 10889 Abidjan 01
9	Ako Kouassi Cho Pauline（律师事务所）	地址：Au dessus de Paul （ex Pako） – Deux – plateaux-Vallon Cocody 电话：+225-27-22430068
10	Akoua Lydie Bamba（律师事务所）	地址：Rdc Imm. Entente，Porte 765，face a la poste，Sicogi – Danga Cocody – 04 BP 2330 Abidjan 04 电话：+225-27-20248045
11	Akre Koussoh Gisele（律师事务所）	地址：Cité Esculape 2，Face BCEAO，Bât B2，1er étage，Porte 3 Plateau-04 BP 2738 Abidjan 04 电话：+225-27-20221939 传真：+225-27-20222278
12	Alain Kore（律师事务所）	地址：Rue des jardins，en face de Leader Price，imm. Rose，ler étage，porte1 – Deux – plateaux – Vallon Cocody-04 BP 351 Abidjan 04 电话：+225-27-22203214

附录 5　在科特迪瓦主要中资企业一览表

序号	企业名称	类型	联系方式
1	中国路桥（集团）总公司阿比让办事处	工程	网址：https：//www. crbc. com/sit
2	中国港湾（科特迪瓦）工程有限责任公司	工程	网址：https：//www. chec. bj. cn 电话：+225-27-22412125/22414776 邮箱：cotedivoire@ chec. bj. cn 地址：Deux Plateaux Cocody 06 BP 6687 Abidjan 06
3	中国土木工程集团（科特迪瓦）有限公司	工程	网址：http：//www. ccecc. com. cn 电话：+225-27-22415055 传真：+225-27-22418038 邮箱：cgcafric@ aviso. ci
4	中国海外工程总公司科特迪瓦股份公司	工程	网址：http：//www. covec. com 电话：+225-27-23500565/23505107 邮箱：Covecci@ afriaconline. co. ci
5	中国地质工程集团有限公司科特迪瓦分公司	工程	网址：http：//www. zdjt. cecep. cn 电话：+225-27-22415055 传真：+225-27-22418038 邮箱：cgcafric@ aviso. ci
6	中成科特迪瓦有限责任公司	工程	电话：+225-27-21751726 传真：+225-27-21751725
7	中铁四局科特迪瓦公司	工程	网址：http：//www. crec4. com 邮箱：ctcexcb@ 163. com

续 表

序号	企业名称	类型	联系方式
8	中国电力工程有限公司	工程	网址：http：//www. cneec. com. cn 电话：+225-27-06332421
9	中甘国际科特迪瓦有限责任公司	工程	网址：http：//www. cgicop. com 电话：+225-27-44023960
10	中国葛洲坝集团科特迪瓦分公司	工程	网址：http：//www. cggc. ceec. net. cn 电话：+86-27-59271000
11	中铁国际集团科特迪瓦办事处	工程	网址：http：//www. crecgi. com 电话：+255-27-58566018
12	中国机械进出口（集团）有限公司	机械	网址：http：//www. cmc. com. cn 电话：+225-27-49355113 邮件：customer_service@ cmc. gt. cn
13	一拖科特迪瓦农机装配股份有限公司	机械	网址：http：//www. yituo. com. cn 电话：+225-27-21248936 传真：+225-27-21248836
14	中国机械工业集团有限公司	机械	网址：http：//www. sinomach. com. cn 电话：+225-27-21248936 传真：+225-27-21248836 邮箱：zt@ yto. com. cn
15	华科汽车股份有限公司	车辆	电话：+225-27-23469116 传真：+225-27-23469112
16	科中制药股份有限公司	制药	网址：http：//www. covec. com 电话：+225-27-23525861 传真：+225-27-23525862
17	科特迪瓦中迪有限公司	造纸	电话：+225-27-06332488

续 表

序号	企业名称	类型	联系方式
18	中兴通讯有限公司科特迪瓦代表处	通信	网址：https：//www. zte. com. cn 电话：+225-27-22420394 地 址：Cocody Mermoz 01 BP 12412 Abidjan
19	华为技术科特迪瓦子公司	通信	网址：https：//www. huawei. com 电话：+225-27-06067171 传真：+225-27-22413644
20	中国通信服务科特迪瓦分公司	通信	网址：https：//www. chinaccs. com. hk 电话：+225-27-04005349
21	中国（科特迪瓦）投资贸易促进中心	商贸	电话：+225-27-21340432/07200865 地址：Bd VGE，IBIS Marcory-26 BP 1264 Abidjan 26